当代中小学语文教学与实践研究

马明　王旗　李玉◎著

北京燕山出版社

BEIJING YANSHAN PRESS

图书在版编目（CIP）数据

当代中小学语文教学与实践研究 / 马明，王旗，李玉著.—北京 ：北京燕山出版社，2023.12

ISBN 978-7-5402-7133-6

Ⅰ．①当… Ⅱ．①马… ②王… ③李… Ⅲ．①语文课－教学研究－中小学 Ⅳ．①G633.302

中国国家版本馆 CIP 数据核字 (2023) 第 229993 号

当代中小学语文教学与实践研究

作　　者	马　明　王　旗　李　玉	
责任编辑	王　迪	
出版发行	北京燕山出版社有限公司	
社　　址	北京市西城区椿树街道琉璃厂西街20号	
电　　话	010–65240430	
邮　　编	100052	
印　　刷	北京四海锦诚印刷技术有限公司	
开　　本	787mm×1092mm　1/16	
字　　数	201千字	
印　　张	10.75	
版　　次	2025 年 1 月第 1 版	
印　　次	2025 年 1 月第 1 次印刷	
定　　价	76.00 元	

作者简介

马明，女，本科，现任海城市第二中学语文备课组长。自参加工作以来，关爱学生，爱岗敬业，尽职尽责，严于律己，在班级教育教学中成绩突出，多次被评为校级优秀班主任；2015年获得"鞍山市优秀班主任"称号；2019年4月，《植树的牧羊人》获全国教师优质课件大赛一等奖；2019年6月，《大道之行也》获全国教师优质课大赛一等奖；2021年4月，《大道之行也》获优秀课例一等奖。全国名师工作室联盟承担课题：创新写作教学研究与实验，初中学生综合素质评价实施研究。主持课题：分层次教学。发表论文《浅谈班级管理困难及解决方法》。

王旗，男，毕业于广东开放大学，本科学历，高级教师，现任职于海口市港湾小学，从事教育教学管理工作。

李玉，男，1972年11月生于山东滕州，系中国共产党党员，中国语文报刊协会课堂教学研究会研究员，中学高级教师。1997年7月毕业于曲阜师范大学中文系，现供职于滕州市第一中学。从教26年来，曾当选为"滕州市十大读书人物""滕州市骨干教师""枣庄市优秀班主任"，山东省教育课题"研究性学习与学生团队精神形成研究"的主持人。曾获枣庄市优质课一等奖，山东省课件比赛二等奖，全国课堂教学观摩课一等奖，全国"一课一优"二等奖。同时，在《中国考试》《中学语文教学》《中学语文教学园地》等多家国家级、省级报刊发表文章数十篇。主编出版了《新课程同步学案必修教材——专家伴读》《高考语文总复习》等6部教育教学方面的著作。

前　言

　　"教学既是一门科学，又是一门艺术"的经典命题从教学目标的指向性上为语文教学发展提出了理论要求，传统的语文教学重结果轻过程、重记忆轻思考。机械的训练方式忽视了学生的思维，导致教学效果往往不尽如人意。如何培养学生的语文思维能力，让学生真正学会思考，是语文教学工作的重要内容。

　　语文教学是中小学的中心工作，是实现国家教育目的的重要手段。因此，也是中小学校长、教师非常关注的问题。新课程改革以后，中小学教师不再仅仅把目标专注在课程之上，也开始热衷于研究教学实践，教学与实践问题的融合变得十分迫切。如何有效地培养学生的语文思维能力，改进教师的语文教学实践问题，已经成为目前语文教育探讨的重要课题之一。

　　本书深入浅出地对当代中小学语文教学与实践进行分析，适合中小学语文专业学者及对此感兴趣的读者阅读。本书首先对语文课堂教学目标与基本方法、语文课堂教学课程与教学内容、语文课堂的教学分类做了详细的介绍，让读者对语文教学有了初步的认知；其次对语文有效教学策略、语文学习活动的设计与实施、语文教学管理、学生核心能力的培养等内容进行了深入的分析，让读者对中小学语文教学有了进一步的了解；最后着重强调了语文教学的实践——理论与实践相结合的方式。希望本书能够给从事相关行业的读者带来一些有益的参考和借鉴。

　　在本书编写过程中，参阅和引用了一些教学经典理论和相关研究成果，在此谨向有关作者表示诚挚的谢意。由于水平有限，书中难免存在疏漏与不足之处，真诚地希望得到各位专家批评指正，以待进一步修订。

目　录

第一章 语文教学概述

第一节 语文课堂教学目标与基本方法

一、语文课堂教学目标的陈述

"教学要求"陈述的是教师的教学行为，而不是学生学习中的行为变化。"教学目标"陈述的是学生在学习中的变化或结果，而不是教师的行为。"指导""培养""教育"等词语都是教师的教学行为，而不是学生的行为。陈述教师行为与陈述学生行为是不同的，前者是检查教师做与没做，后者是检查学生会与不会、能与不能。如果用教师教学行为的词语，那么，教师做了，教学目标就完成了，至于学生"能不能""会不会"就无须检测了。

教学目标强调陈述的主体是学生，那就是说，只有当学生的行为按照教学目标的规定发生了相应的变化，才算完成了教学任务。简单地说，教学目标要说明通过教学活动后学生能做什么或学到什么。

（一）教学目标怎样陈述才是可观察、可检测的

陈述教学目标是为了使教师把握教什么和怎么教，学生明确学什么以及怎么学，因此教学目标的陈述应该是具体的、明晰的，而不应该是抽象的、模糊的，它必须是可观察、可检测的。要做到这一点，应该避免使用"理解""领会"一类含混不清的词语。说"整体感知课文内容"，不如说"能用自己的话叙述课文主要内容"或"能找出本文的线索"清楚。

常用的可观察、可检测的学生行为的词语有哪些呢？按目标分类，常用的行为动词如下。

认知领域：说出、背诵、辨认、回忆、选出、举例、列举、复述、描述、识别等；解

释、说明、阐明、比较、分类、归纳、概述、概括、判断、区别、推断、检索、收集、整理等；应用、使用、质疑、撰写、拟定、总结、证明、评价等。

情感领域：经历、感受、尝试、寻找、讨论、分享、接触、体验等；遵守、拒绝、认可、认同、承认、接受、同意、反对、愿意、欣赏、称赞、喜欢、讨厌、感兴趣、关注、重视、采用、采纳、尊重、珍惜等；形成、养成、具有、热爱、树立、坚持、确立、追求等。

技能领域：模拟、重复、再现、模仿、临摹、例证、扩展、缩写等；完成、表现、制定、解决、拟定、尝试等；联系、写出、运用、举一反三、触类旁通等。

情感领域的目标不像认知领域的目标那么具体，所以有人主张，可以规定学生必须参加的活动以及在活动中表现出来的行为和态度。例如，"积极参加讨论，并能说清楚自己的看法""读课文之后，能说出自己的感受"。有学者认为，这种陈述只能作为教学目标的一种补充。

（二）教学目标要不要陈述学生行为产生的条件

有学者认为，教学目标要陈述学生行为产生的条件，这些条件有利于确定教学活动的内容，减少教学的随意性。这些条件包括需要利用的材料、时间因素、行为出现的地点等，如"借助工具书……""读课文之后……"等。但是也有学者认为，行为产生的条件限定了教师的灵活性。

教学目标有"导教、导学、导检测"的功能。设计好教学目标十分重要。如果说，良好的开端，是成功的一半，那么好的教学设计就是这样的开端。有了好的教学设计，教师教什么才会心中有数，怎么教心中才会有路。一个好的教学目标应该是陈述出通过一定的教学活动后，学生内在能力或情感的变化，所陈述的行为主体应该是学生，而不是教师，其行为词语应该是明确、具体的，而不应该是模糊、抽象的，应该用可观察和可测量的词语来陈述。有时可以规定学生行为产生的条件，如说"通过……后，学生能……"等。

设计教学目标应该遵循如下一些原则：教学目标是通过教学而不是其他途径来达成的；要遵循中小学语文课程的总目标和学段目标；要体现三个维度；教学目标的分类应清楚，要注意教学目标的层次性；教学目标的程度应符合学习规律；教学目标的设计要切合学生的实际水平，应该考虑学生的兴趣和要求。

二、语文课堂教学目标的功能

教学目标是预期的教师指导下学生学习活动的结果或所要达到的标准。对教师来说是教的标准，对学生来说是学的标准。这些标准或要求，应该是具体的而不应该是抽象的，应该是清楚的而不应该是模糊的，应该是可检测的而不应该是不着边际的。中小学语文教学存在教师的教学理念、教学内容、教学方法等问题，从教学目标的设计就可以看得出来。

（一）教学目标有指导教师选择与运用教学方法的功能

如果教学目标定位于知识传授，宜用启发式的讲授法；如果教学目标定位于能力培养，宜用默读、讨论和发现法。讲诗歌宜用朗读法；讲说明文宜用默读法；讲小说、童话、戏剧用复述法、分角色朗读法，效果或许更好一些。如果让学生质疑，宜默读；如果让学生情感体验，宜朗读。那些教学方法不当的教学，常常是教学目标定位不准的教学。有具体的教学目标，不仅能使教师明确教什么，还能使教师明确怎么教。

（二）教学目标有检测教学效果的功能

看一节课是否成功有许多标准，但其中最客观、最重要的标准是教学目标是否达成。教师要想知道学生是否已学会本节内容，应围绕教学目标设计检测题，以此了解情况，以便改进教学。领导听课当然也要看教学目标是否达成。这就要求教学目标是可检测的。以教育目的、课程目标代替教学目标是比较普遍的问题。教育目的、课程目标是学生在学校读书期间应达到的水平，它相对于教育宗旨是具体的，但是相对于教学目标又是抽象的。教学目标是一节或几节课中学生要达到的要求或标准，它要体现教育目的、课程目标，它是具体的。课程目标是方向目标，是指导思想，教学目标是教学要达到的标准；课程目标体现社会客观要求，教学目标要完成课程目标的要求；课程目标是指令性的，教学目标是自主性的；课程目标是稳定的，教学目标是灵活的；课程目标是原则的，教学目标是具体的；课程目标对所有的教学活动具有指导意义，教学目标对特定的教学活动起具体的指导作用。提高学生的阅读能力是课程目标，通过理解句义理解主题是教学目标。提高欣赏、评价能力是课程目标，能识别哪些句子是美的，能说出美的句子美在哪里是教学目标。

三、语文课堂教学的一般方法

中小学语文教学的一般方法包括讲授法、提问法、讨论法、谈话法、练习法、问题法以及发现法等。下面重点介绍讲授法、提问法、问题法和发现法。

（一）讲授法

讲授的必要性、优越性十分突出，但是它的缺陷也是十分明显的。语文教学的目标是培养学生的读写与口语交际能力，而能力的形成不是听的结果。教师靠讲是无法达成能力目标的。教师为了提高学生写的能力可以讲必要的写作知识，也可以讲述可供学生借鉴的一些优秀作品的特点。但学生要把教师讲授的这些知识转化为能力，必须自己读懂相关的作品，内化教师讲授的知识，否则教师的讲授还仍然只是知识。教师讲得天花乱坠，学生听得昏昏欲睡的现象，说明教师讲多了，就无法吸引学生的注意力。

1. 讲授的基本式

讲解可以概括为以下四种范式。

（1）解释式

其一般过程为：介绍知识要点→予以客观说明→收束。

（2）描述式

一般过程为：呈现对象→描绘推演关键点或细节→演绎揭示对象的结构或变化。

（3）原理中心式

其一般过程为：一般性概括→论述、推证→一般性概括复述（总结、结论）。其中，一般性概括指概念、规律、法则、原理等。论述、推证，可以是分析综合、演绎、归纳、举例等。

（4）问题中心式

其一般过程是：引出问题→主体讨论（明确标准；选择方法；解决问题）→得出结论。

2. 讲授的方法

（1）俗解法

用通俗易懂的语言对深奥的、生僻的、专业性较强的语句进行解说的方法称为俗解法。

（2）概要法

用精确、简明的语言概括语句或段落的内容要点，揭示其含义的方法，称为概要法。

（3）举例法

用具体的事例解说事物、情感和道理的方法，称为举例法。

（4）比较法

用两种或两种以上的材料、句子等放在一起辨别异同、体会高下的方法，称为比较法。

（二）提问法

这里谈的提问是教师的提问，即发问。

1. 提问的功能

提问是语文教学非常重要的常规教学方法，它的功能是多方面的。首先，它可以激发学生的兴趣。学生对知识的需求常常处在一种潜伏的状态之中，要激活这种状态，就要激发、调动，提问无疑是有效办法。不仅如此，提问还可以唤醒学生的潜能。其次，提问可以促进学生的思维发展。思维始于问题。心理学认为，"思维是以解决问题为目的的思想活动"，有了问题就会有思维活动。教师提问是促进思维发展的外因，有如下三个特征：①对学生思维发展具有方向性；②对学生思维发展具有指导性；③对学生思维发展具有强化性。因此，教师精心设计提问是十分必要的。最后，提问可以帮助学生加深理解课文。当学生的思维没启动时，课文读完了也没有什么感觉。此时教师的提问就是一个"把手"，或者是思考的切入点，知道怎么去想问题，想什么问题。

讲课过程中的提问可以引导学生深入理解课文。提问还有反馈的功能，培养学生说的功能，辅助课堂管理的功能等，这里就不一一解说了。

2. 提问的设计要领及能力层级

恰到好处的提问设计，应该来自课文和学生对课文的认知程度，而学生的认知层次是不同的，提问理所当然也要有能力层次。提问能力层次明确，教学能力培养的方向愈明确，目标则愈易实现。语文课堂教学提问的设计，应根据先进的语文教育原理，按照一定的教学目的和要求，针对具体的教学对象和教材，在教学进程中的不同阶段做出有效的预先策划。提问的能力层级应该依据什么策划呢？应该依据阅读能力的层级来策划。通常将最基本的阅读能力分为如下五个层级：认读能力、解读能力、分析综合能力、应用能力和欣赏评价能力。课堂提问也应该大体按照这个层级来设计，解说如下：

（1）认知记忆性问题

这是属于重述或再现已学知识或已知事实一类的问题。知识包括汉语知识、文体知识、文学知识、文化知识等；事实包括某些课文材料、社会及学校见闻、学生的生活经验等。这类问题不可过多，但不可没有，因为这类问题所涉及的知识是后几类问题的基础。没有这个基础，理解、分析、应用和欣赏评价就难以进行。

（2）理解性问题

这类问题的特点是，要依据已知进行推理，求得未知。其答案是预期的、确定的，但很具有思考性。此类问题，可以从如下几方面设计：①便于从整体上理解课文的问题；②提与重点难点有关的问题；③提引导学生认真读书的问题；④提便于学生运用旧知识分析解决新问题的问题；⑤提容易混淆的问题；⑥提学生易忽视而又与理解课文内容相关的问题。

（3）分析综合性问题

分析综合性问题是以培养学生分析、概括问题能力为目标的问题。

（4）应用性问题

应用性问题是以培养学生创造性思维为目的的一种问题。创造性思维的培养是学校教育的重要任务。创造性问题的答案不是教材内容的重述，而且其答案也不是唯一的。但这个答案绝不是无中生有，而是以已知为基础，与理解分析相关联，只是它要求回答问题的角度要新，或需要想象和联想，因而更具有独创性。

（5）欣赏（性）、评价性问题

欣赏性问题是以培养学生欣赏能力为目标的问题。这是一种发散思维的能力。这种问题的特点是欣赏作品内容与表达的精辟与优美。评价性问题是以培养学生评价能力为目标的问题。这种能力是一种思维能力，也称之为批判性思维能力。这种能力的特点是判断所学文章内容的正误、深浅等。

（三）问题教学法

学生在阅读的过程中必然会遇到阅读的障碍、疑问和困惑。这些障碍、疑问和困惑，在继续的或反复的阅读中有一些便自行解决了，但有一些解决不了的。把它们提出来，由教师引导学生共同解决，这种教学方法就叫作问题教学法。

1. "问题教学法"与"发现教学法"的区别

问题教学法与发现教学法有共同之处。二者都重视学习过程中学生的主体地位，主要体现在学生自己的阅读与独立思考方面；都强调培养学生的阅读能力，特别是创造能力；都注重使学生领悟和掌握探究问题的方法。二者也有区别，在于前者以提出疑难问题为主，重在会提出问题，培养学生"问题意识"；后者以发现为主，重在发现。"发现"也包括发现问题，但此"问题"非彼"问题"，主要不在"疑"上，而在需要研究的"矛盾"上，或文本本身的问题。"发现"的对象还有其他。可见发现教学与问题教学相比是更深层次的教学法，更具有探究性的教学方法。

2. 为什么要让学生提出问题

多年来，我们的中小学语文教学都是老师讲，学生听，没有学生的读，更没有学生的思。学生终于没有学会读书，浪费了宝贵的青春。宋朝教育家张载说："学则须疑""在可疑而不疑者，不曾学"。叶圣陶先生说："善于读书的人，一边读下去，一边自会提出一些问题或题目来。"中小学语文教学的目的就是要把学生培养成"善于读书的人"，如果学生没有提问题的机会，甚至没有思考的时间，他们只能竖着两只耳朵听，不会思考，不会提问，就不会有发展。

3. "问"，可不可以教

让学生提出问题，主要原则是学生有什么问题，就问什么问题。学生读课文应确保读两遍以上再提问，这有两个好处：一是有些问题可以通过思考自行解决；二是可以提出一些更有价值的问题。尽管如此，也还需要教。

学生是在问的过程中理解文章的内容与表达的，是在问的过程中提高阅读能力的。如果我们的学生大都能从理解文章内容的方面来提出问题，其语文能力定会有较大的提高。

（四）发现教学法

教学中，常常有这样的情景，教师让学生独立思考，学生总会有一些意想不到的回答和提问。学生在学习中自己主动发现问题和解决问题的学习是发现学习。在教学中，教师启发诱导学生通过对文章的阅读，积极思考，自行发现未曾认识的道理、结论，这样的教学方法就是发现教学。

1. 发现教学法的特点

发现教学法的主要特点是从青少年好奇、好问的心理特点出发，由教师引导、启发，依靠教师和教材所提供的材料，让学生自己去发现问题和解决问题，使他们成为"发现者"，而不是奉送现成的结论，让学生被动接受。正因为如此，发现教学法强调过程。学生的学习过程是自我发现的过程，也是自我发展的过程。学生在解决问题中学会学习，得到发展。

2. 发现教学法有何意义

在日常教学中，一些语文教师发现学生不愿意学习语文。学生为什么不愿意学习语文呢？他们觉得听语文课没劲。从小学到中学，所有的语文老师都是那么干巴巴地讲，讲那么干巴巴的几条，中心思想，段落大意，或者"教参"上的其他的话。

（1）发现教学法可以使学生产生学语文的动机

学生内部动机的产生需要外部的条件，如教师的激发、情境的设计都可以使学习者产生兴趣、好奇心、需要"发现"的活动可以满足学生成为研究者、探索者的愿望，这种愿望有着强大的动力，这是一种内部学习动机。

（2）发现教学法有利于提高学生的能力

在"发现"过程中，学生要独立思考，自己去解决问题，而不是像过去那样，听老师讲的结论，记老师讲的观点。能力只有在解决问题的过程中才能提高。

（3）在"发现"中常常发现问题，有利于培养学生的"问题意识"

在传统的教学观念中，只要学生写到书上的全是对的，这并不利于培养学生的创造能力。"问题意识"的核心是批判思维，批判思维是创造的思维。

3. "发现"有哪些类型

依据发现教学中教师所起的作用的方式，可将其分为两种类型：①引导发现型：问题由教师提出，并适当启发诱导，学生通过思考发现；②独立发现型：问题由教师或学生提出，教师不启发诱导，学生自己探究。课堂教学中的这些发现意义非常深刻，它不是胡乱猜谜，而是知识的运用，潜能的爆发。

4. 引导学生发现什么

从本质上说，阅读是主体主动地认识世界的实践活动，而不应该是被动地接受教育的活动，因而阅读只能是学生的阅读、学生的实践。在阅读中思维总是在不停地运动，"发现"是必然的结果，那么，要发现什么呢？

①发现问题。

②发现差异。能够发现差异是一种能力。

③发现信息。

④发现精彩。

⑤发现结论。从众多的个别现象中，归纳出一般性结论，是常见思维方法。发现结论实际是归纳思维的结果。

其实，文章的主旨、思路、结构、写作方法等都可以让学生去发现。学生在课本里会发现，遨游书海时也会发现，他们将在"发现"里学到教师意想不到的知识。这正是中小学语文教学的一个终极目的。

第二节　语文课堂教学课程与教学内容

一、语文课程与教学内容的选择与组织

语文课程与教学内容是中小学语文课程建设中最主要和最基本的问题，它直接指向

"教什么""学什么",因此,语文课程与教学内容的选择与组织尤显重要。

(一) 中小学语文课程与教学内容选择的原则

我国课程研究方面的学者指出,选择课程内容时应注意以下三项基本准则:注意课程内容的基础性;课程内容应贴近社会生活;课程内容要与学生和学校教育的特点相适应。

1. 适应语文课程目标

根据学科教育的目的选择适当的课程内容,是构建一门课程的首要任务。与课程目标的适切,实质上就是与一定的教育理念与课程理念的适切。中小学语文课程目标,应根据我国现代公民素质的基本要求和儿童、青少年身心发展的规律,依据现代教育理念,符合中小学语文课程规律。中小学语文课程与教学内容的选择,应适切语文课程目标,可以避免选择的盲目性与随意性。

但是,具体的课程目标与内容并非一一对应的关系,为实现一个目标可能需要多种内容的组合;相反,一种内容可以同时实现多种目标。目前,义务教育阶段的语文课程标准均指出,语文课程目标根据知识和能力、过程和方法、情感态度和价值观三个维度设计,三个方面相互渗透,融为一体。因此,在选择语文课程与教学内容时,要注意与课程目标的适切,综合考虑各方面的关系。

2. 适应语文课程内容要素

"语文"作为学校课程的名称,表明口头语言和书面语言都要在这门功课里学习。一方面是接受的本领,听别人说的话,读别人写的东西;另一方面是表达的本领,说给别人听,写给别人看。听、说、读、写四种本领同样重要。

3. 适应学生语文学习需要

语文课程与教学内容最终是为特定年龄阶段的学生语文学习使用的,若不能被学生同化,则永远是一种外在物,所以选择语文课程与教学内容时要注意到学生的兴趣、需要和可接受性,并且要注意每一个阶段的衔接性。语文学科的基础知识,比起其他自然学科课程来,其中类似概念与原理的陈述性知识要少得多,但语言应用的能力方面的程序性知识和所涉及的领域却要多得多。因此,语文课程与教学内容的选择更要以学生为主体,虽然"任何学科的任何知识可以用某种形式教给任何年龄阶段的任何人",但其中的"某种形式"是值得斟酌的,不仅要有利于学生语文学习能力的培养,与学生学习需要和语文学习特点的适切,还要促进学生主体性素质的均衡发展,使之成为学生个性发展和师生对话的"文化媒介"。

语文实践活动是培养学生的语文实践能力的主要途径，而在语文实践活动中，基于对学生心理特点的考虑，要重新审视语文基础知识，重视语文程序性知识的编排，用易懂的言辞表述，尤其要注意在表述时避免使用过多的名词术语和专业理论，语言文字适用于指导学生理解和运用，强调对学生的指导性与应用性，使之具有适应实际和未来学习需要的基础知识，包括汉语知识、言语规则及从事听、说、读、写交际活动所必需的知识储备。言语技能有外显的言语操作技能和内隐的言语心智技能，在听、说、读、写的言语活动中，有不同的项目要求，在具体的技能训练中，操作的动作程序和步骤要注意实效性。在具体的语文实践过程中，要结合学生的学习情况和不同情境加以变化和调整，使之可以把具体的技能内化或类化，实现自能总结、自能使用，而最终转化成为语文能力。

4. 适应社会生活发展需要

学校课程内容不可能完全与社会实际问题一一对应，事实也证明，完全以社会问题为中心制定的课程内容，不能适应学生的需要。但语文学习离不开生活的土壤，语文课程与教学内容作为涵括诸多文化的载体，更要及时反映社会、政治、经济、科技的发展，反映国家、民族、政治、经济、文化、科学，乃至全人类生存与发展等方面面临的问题，与学生的实际生活紧密联系，反映时代的脉搏，以学生成长的视角展现教学内容。

同时，现代社会生活方式和文化的变迁直接带来的是价值观念的变化，这也是造成课程与教学内容变化的根本原因之一。随着社会的发展，一些价值观念发生变化，如男女平等、效率、环保意识等观念的上升，使现有的课程与教学内容中那些与现代或未来观念相抵触、不合时宜的内容，需要及时更新。

（二）中小学语文课程与教学内容的组织与呈现方式

在组织与呈现中小学语文课程与教学内容时，需要处理好以下几个关系：

1. 语文知识、言语技能与能力的关系

心理学界对知识、技能和能力三个概念最基本的定义和解释是："技能与知识、能力不同，知识是在人脑中形成的经验系统，技能是在个体身上固定下来的复杂的动作系统，能力则是个体顺利完成活动任务的直接有效的心理特征。技能与知识、能力虽然都是一些巩固了的概括化的系统，但概括的水平不同。知识是对经验的概括，技能是对动作和动作方式的概括，而能力则是对调节认识活动的心理活动过程的概括，是较高水平的概括。"从以上的概念阐述可以看出，不论语文知识，还是言语技能，都不能等同于语文能力，只有当学生把学到的知识和技能顺利地迁移到新的学习情境中时，根据不同的法则，解决了

新问题时，才意味着将知识和技能转化为能力，并且要求这种转变熟练化、系统化、自如化，才算是形成了相对稳定的能力。因此，语文知识要避免专业理论和深奥术语，保证了解与应用技能，要注意学习情境的改变和学生学习的差异，在保证共同基础的同时，强调选择性。

信息时代的到来使知识积累和社会的变化速度比任何一个时代都要复杂和迅速，因此，中小学语文课程与教学内容不仅要与现实社会相关，而且要注意与未来社会生活相关，但学校的现有课程内容不可能把未来社会所有的新知识全部涵括和容纳进来，所以，中小学语文课程与教学内容必须能使学生具备可以借助来进行终身学习的基础性能力和素质，可以应变复杂社会和不同学习情境的发展性能力与素质，以及可以发挥个人潜能实现个人价值和创造社会效益的创造性能力与素质。

2. 逻辑顺序与心理顺序的关系

课程内容是按逻辑顺序组织还是按心理顺序组织，或许是争论最激烈的课程问题，也是所谓"传统教育"与"新教育"的最大分歧所在。所谓逻辑顺序，就是指根据学科本身的系统和内在的联系来组织课程内容；所谓心理顺序，就是按照学生心理发展的特点来组织课程内容。现在，越来越多的人倾向于学科的逻辑顺序和学生的心理顺序的统一。

3. 中小学语文课程与教学内容的组成

中小学语文课程与教学内容一般由两大部分组成：一是母语知识的系统教学；二是运用母语所进行的言语活动的指导。即语言知识、文学知识等可以按照知识本身的内在系统和逻辑顺序进行线性形式的编排，基本上可以保证前后逻辑顺序的连贯性。但是作为解决学生"会不会"的听、说、读、写等方面的言语技能的内容，需要按照学生的心理顺序，以螺旋式形式进行编排，有必要在学生不同的学习阶段和年龄阶段重复出现，逐步扩大范围、提高要求、加深程度，以形成"运动的""由若干训练点相继排列、旋转向上而形成的弧""一个跨层次的循环往复的运动系统""一个逐层延展和发挥的运动体系"。

（三）知识和能力、过程和方法、情感态度和价值观的关系

中小学语文课程必须面向全体学生，使之获得基本的语文素养，热爱、继承中华民族的优秀文化传统，了解、吸纳人类进步文化的精华，丰富语言的积累，培养语感，发展思维，使之具有适应实际需要的识字写字能力、阅读能力、写作能力、口语交际能力，并使之逐步形成良好的个性和健全的人格，促进其多方面的均衡与和谐的发展。知识和能力、过程和方法、情感态度和价值观，三者是相互支撑、相互渗透的。

语文技能的训练与语文能力的培养是语文教学的主要任务。学习语言一般可以从直接经验和间接经验两个角度获得，即语言运用的范例和语言知识的规律，但两者是相互配合与联系的，规律必须在范例中得以验证与实践，模仿和类推言语范例也必须概括与积累语言的规律。

语文学科中丰富的人文教育内涵、"文以载道"的传统，使中小学语文课程与教学内容对学生情感、态度和价值观的形成具有深刻的影响和得天独厚的优势，在语文读、写、听、说的过程中，借助语感、思维、情感，可以进行潜移默化、具体形象的思想品德教育。学生可以通过语文学习实践活动，培育热爱祖国语言文字的感情，从而形成对祖国的热爱之情；还可以通过联想与想象、分析与综合等方面的言语思维的训练以及审美品位的提高，使学生逐步形成良好的个性和健全的人格，促进德、智、体、美的和谐发展。

（四）学科课程与综合性学习的关系

传统的学科课程的内容是预定的，课程的设计与开发几乎完全是由课程研究者来确定的，教师和学生只是课程内容的使用者和实施者。这样的课程形态具有一定的系统性和完整性，但是其弊端也是明显存在的。语文综合性学习是培养学生的实践能力和创新精神，全面提高语文素养的重要途径。它打破现有课堂教学的时空模式，从学习专题的提出，到学习过程的安排、学习方法的确定和学习结果的生成，都表现出更大的生成性和自主性，其内容不是由课程研究者预先设定的，不是由教材单一媒介呈现的，没有统一的标准和严格的实施程序，而是学生根据自己的兴趣设计的，或是在学生之间、师生之间的交流与协商中产生与实施的，课题的答案也不是固定的、唯一的，而是多元的，甚至是不相同的。这种学习可以提供更为广阔的实践学习的空间，使学生有更大的自主性和创造性，把语文学习带到不同的情境和时空，在活动与交往中学习，在探究与讨论中学习。

但是两种课程形态不是"井水不犯河水"，也不是绝对独立的，实施也不应单以课内与课外截然分开。同时，两者也不是简单叠加的关系，而应是相互渗透、相互联结的关系，语文综合性学习绝不只是学科课程的一种修正与补充，也不完全是课堂教学的"并列式"，它可以作为课程理念形态体现在学科课程中，它的介入可以为学科课程带来开放与活力，从而真正克服传统课程的弊端。

1. 中小学语文课程与教学内容的组织结构方式

通过文本与语言呈现的中小学语文课程与教学内容，文化蕴含丰富，目标多元，中小学语文课程内容的要素可以通过不同的组合结构方式，呈现中小学语文课程与教学内容。

我国中小学语文课程与教学内容的组合形式，基本以综合型为主要类型，一般以能力训练为主线，以单元为基本的综合教学单位，将阅读、写作、口语交际和语文知识混合组织在一起。

2. 中小学语文课程与教学内容的呈现方式

中小学语文课程与教学内容的基本形式是言语作品，不论组织和选择哪些内容要素，总是以精选的范文或例段作为主体。这些范文在中小学语文课程与教学内容中的作用，基本定位在教学的例子或学习语文的范例、积累语文素养和言语经验的凭借、传承民族文化和人类思想感情的载体。其在呈现方式上也有两种形式，即单篇式和单元式。

（1）单篇式

也称为"豆腐干"式。通常是小块的文章，或是短文，或是长篇的选段，以一篇为基本组成单位，有时一篇包括数首小诗或两三篇短文，配以大量的练习。这种形式的特点是：构成篇章的结构单位在表达意义上相对独立，作为一个独立的篇章，字数要少，以短小精悍见长，多数精选那些语言十分严密、精确有条理，形象描摹十分精细，言辞修饰十分讲究的段或短篇，配以大量的单项或多项的语言思维方面的练习与实践，突出范文为言语、思维能力训练服务的功能。

（2）单元式

这是我国中小学语文"文选"式教科书的主要呈现方式。按单元编排语文教科书，既要突出语文学科的特点，又要遵循教育、心理科学的规律，还要进一步发挥单元编排的潜在功能。一般认为，语文教科书按单元编排主要有以下几个特点：①整体性：一个单元多项内容构成一个整体。②有序性：各个单元教学重点明确，各单元的教学重点连成序列。③有效性：注重效益，使单元内各项内容形成合力，以培养和提高学生的语文能力；学和用结合，边学边实践，及时反馈。

从现行的中小学语文教材来看，语文教科书按单元编排可以使课文分类系统、条理分明；语文训练和语文知识可以结合课文更有计划地进行安排，使教学更有阶段性、计划性，便于安排教学计划；形成一个综合的学习领域，有利于读写结合，整体地进行情感、态度、策略的学习；有利于发挥学生的主体作用，培养学生的学习迁移能力；形成一个学习系统或单位，使学生能够进行情感、态度、过程、方法和习惯的全方位学习；把单元作为一个研究性专题板块，引导学生进行探究性学习；以一个教学单元作为学习平台，向学生的生活领域拓展、延伸。

单元编排的方式种类很多，常见的几种是：①把体裁相同或相近的几篇课文组成单元；②把课文加知识短文组成单元；③以知识为主，以文章为辅组成单元；④以语文知识为主组成单元；⑤运用比较的方法组成单元；⑥按作家作品组成单元；⑦按年代组成单元。

随着语文教科书单元编排的发展，又产生了按反映的生活内容组成单元，或按生活专题组成单元。20 世纪 90 年代以来，人们把单元看成一个学习整体、学习板块、学习领域。当前教科书的单元编排都不是按一种方式组成单元，而是从多角度、多种需要出发，采用综合组合方式灵活组成单元。此外，文言文的组成单元方式也有较大的改进，突破文言文和现代文分开独立组织单元的通常的分编方式，而把文言文和现代文混合在一起，按照共同的主题组成单元。听、说、读、写四个序列的处理，也有混合与独立两种。

从总体上来看，单元编排的理念不断更新，单元组合和编排的方式向板块化、多元化、生活化、综合化方向发展。单元各要素的结构从结合到整合，由繁复向简约方向发展，结构训练序列多以线性、层进式、能力递进为主，体现出对学习迁移的追求，使单元组合方式更好地发挥培养语文能力、发展多元智能、全面提高语文素养的整体功能。

无论是单篇式还是单元式，都以呈现与统筹语文读、写、听、说能力为主要目的，基本上都是"文章的集锦"，未来语文课程与教学内容的呈现方式，或许会突破"文选式"，发展或创造出新的体例模式。

二、中小学语文课程与教学内容的开发与利用

随着我国基础课程改革的深入，课程资源的概念作为一个崭新的命题被提出，课程与教学资源的开发和利用决定了课程的丰富性和适切性。

课程资源的概念有广义和狭义之分。广义的课程资源指有利于实现课程目标的各种因素，狭义的课程资源仅指形成课程的直接因素来源。语文课程与教学资源指富有语文教育价值的、能够转化为语文课程与教学内容或服务于语文课程与教学的各种条件的总和。语文课程与教学资源和语文课程与教学内容有着十分密切的关系，但两者不能等同。语文课程与教学内容虽以语文课程与教学资源为前提，但语文课程与教学资源的外延，远远大于语文课程与教学内容本身，语文课程与教学资源不能直接构成语文课程与教学内容，其是否适切，还有待于加工、转化。因此，明确课程资源意识，提高课程资源开发和利用的水平，是中小学语文课程建设的当务之急。

（一）中小学语文课程与教学资源开发和利用的意义

课程资源的合理开发与有效利用是课程拓宽教学材料来源的条件与途径。中小学语文课程与教学资源的开发和利用，有助于语文课程、学生、教师、语文教育的发展。

1. 丰富语文学习的环境，优化学习过程

中小学语文课程与教学资源的开发，对于改进传统课程以教材、课堂为中心的教学模式具有促进作用。其中学习领域的开放和非预定性，可以带来课程形态的丰富，可以把社会需要、社会问题最大限度地引进语文实践活动中，可以极大地拓展语文学习的时间与空间领域。在开发和利用的过程中，新的课程资源的引入会直接导致教育手段、教学组织形式及教育方法的变革，或合班教学，或分组讨论以及课内、课外的沟通，教师的教学策略会极大地释放创造性价值，学生的主体作用得以发挥，在语文学习环境丰富的同时，也将起到优化学习过程的作用，从而获得更大的课程价值。

2. 增强语文课程的多样化和适应性

在新课程管理中，一个历史性的突破是实行了课程的三级管理，它的提出正是针对课程的多样化和适应性问题，而课程资源的开发与利用正好弥补三级课程之间的拓展余地和空间，对增强语文课程开放性和弹性化有积极的价值和意义。

3. 培养学生语文终身学习意识和自主学习能力

课程资源的开发与利用对学生的发展具有独特的价值，学生应该成为课程资源的主体和学习的主人。"语文学习的外延与生活的外延相等。"与传统的中小学语文课程与教学内容相比，课程资源是丰富的、具有开放性的，它以具体丰富的内容、生动多样的形式和能够亲身参与的特点，为学生提供多方面的信息资源，调动学生全方位参与，激发学生的兴趣，引导学生走出教科书，走出课堂和学校，在社会的大环境里运用语文、学习语文，在愉悦中，培养学生终身学习和"在生活中学语文"的意识，全面提高学生的语文应用能力和自主学习能力。

总之，中小学语文课程与教学资源的开发和利用，不仅会在语文课程和语文教育领域内引发一场课程观念与教育观念的变革，而且会使全社会的课程资源意识和教育理念有一个提升，推动学习化社会的来临。

（二）中小学语文课程与教学资源的构成

语文课程资源包括课堂教学资源和课外学习资源，例如教科书、教学挂图、工具书、其他图书、报纸，电影、电视、广播、网络，报告会、演讲会、辩论会、研讨会、戏剧表演，图书馆、博物馆、纪念馆、展览馆，布告栏、报廊、各种标牌广告等。自然风光、文物古迹、风俗民情、国内外的重要事件、学生的家庭生活以及日常生活话题等也都可以成为语文课程的资源。曾有研究者从课程的制约因素角度出发，将课程资源分为三类，即原

生性课程资源——知识、内生性课程资源——学生和外生性课程资源——社会。语文学习通过语言和文字的学习来完成，语文课程与教学内容也是通过语言文字来呈现的，创设一个语文的学习环境，可以通过各种语言文字的游戏素材，与学生分享语言智能的快乐。众多的语文课程与教学资源可以按照不同的标准和依据归属，也可以按不同的类型区分，为更好地认识语文课程与教学资源，我们通过对其构成的分析与讨论来把握。

1. 按中小学语文课程与教学资源的使用范围划分

根据中小学语文课程与教学资源的使用范围，可以分为课堂教学资源和课外学习资源。两种资源的区分在于存在区域的不同，课堂教学资源指在课堂上与语文教学密切相关的各种材料、各种活动，如课堂教学所使用的教科书、教学挂图等，课堂教学所组织的报告会、演讲会、辩论会、研讨会等，课堂教学资源是课程资源中的开发重点；而课外学习资源指可以转化为学生课外学习资源的各种条件。但两种资源的区分并非泾渭分明，同一种资源用于不同的场合即可同时组合与转化为课堂教学资源或课外学习资源。

2. 按中小学语文课与教学资源的功能特点划分

根据中小学语文课程与教学资源的功能特点，可以分为素材性资源和条件性资源。素材性资源的特点是作用于课程，并且能够成为课程的来源或素材，比如包含知识、技能、活动方式、情感态度和价值观等方面因素的各种文学创作样式，包括古老的或现代的，口头的或书面的；条件性资源的特点则是作用于课程，却不是形成课程本身的直接来源，但它在很大程度上决定着课程的实施范围和水平，包含人力、物力、财力、时间、场地、设备、环境等方面的因素，但是二者并无绝对的界线，现实中的课程资源往往既包含课程的素材，也包含课程的条件。

3. 按中小学语文课程与教学资源的性质划分

根据中小学语文课程与教学资源的性质，可以分为自然课程资源、社会课程资源和人文课程资源。自然课程资源指存在于自然界的具有"天然性"的各种课程资源条件；社会课程资源指存在于人类社会的具有"人为性"的各种课程资源条件。人文课程资源指掌握课程素材的人员或精神文化氛围，或人们根据需要开展的各种文化娱乐活动和营造的积极向上的风气、氛围，这种课程资源具有内生性，他们自身拥有的课程资源，在开发和利用的过程中，通过其创造性的释放和创造性价值的实现，可以能动地产生出比其自身原有价值更大的课程与教学资源。

除此以外，还可以有许多其他的分类方式，不管是哪种分类方式，都给我们提供了一个认识和把握中小学语文课程与教学资源的角度。综合多种分类方式是帮助我们全面、深入理解中小学语文课程与教学资源内容的途径。

（三）语文课程与教学资源开发和利用的途径

课程资源的筛选与利用，可以通过三个筛子，即教育哲学的筛子、学习理论的筛子和教学理论的筛子；同时，注意两个原则，即优先性原则和适应性原则。中小学语文课程与教学资源的开发，是具体而微观的课程资源的开发，不论以何种形式存在的课程资源，只要是有利于语文学习与实践的，都应是开发与利用的对象；不论是校内还是校外的，中国的还是外国的，自然的还是人文的，只要是有利于语文学习与实践的，都应是开发与利用的对象。

1. 重视最重要的中小学语文课程与教学资源——教材

从中小学语文教育的发展历程看，中小学语文教材虽不是唯一的课程资源，但却是最重要的中小学语文课程与教学资源。中小学语文教材虽然包含的层面是丰富的，但语文教材不是万能的，教材无非是些例子，它是语文教学言语技能层次、文化层次、审美层次的重要凭借，也是师生对话的中介。曾有人把语文教学比作"戴着枷锁的舞蹈"，对现有教材内容创造性地诠释与生成，是决定能否生成语文课程与教学资源创造性价值的关键。任何中小学语文教材中的课程与教学内容，没有要与不要、存在与否的矛盾，而只有利用得好与坏的区别。开发与创造中小学语文教材的潜在价值，才是使用中小学语文教材中课程与教学资源的关键，也是中小学语文课程与教学最重要的资源。

2. 重视发挥语文教师的智慧潜能

从后现代课程理论出发，教师不仅是课程资源的讲读者，也是课程资源的创造者、实施者，课程资源的开发与利用过程应是互动和发展的过程。中小学语文课程资源的建构本身是一个动态的过程，教师与课程资源要形成互动，如果只是把中小学语文课程资源开发与利用的任务交给教师，即声称实现了课程资源的开发与利用，是违背课程资源开发的目的与意义的。没有中小学语文课程资源意识的教师可以完成语文课程资源的建设很难说，但可以说，中小学语文教师的课程资源意识和开发能力，是中小学语文课程资源建设成败的重要因素。也就是说，如果教师本身缺乏课程资源开发的意识与能力，或不能以正确的态度来开发与利用课程资源时，再好的课程内容也不能真正发挥其效能。相反，具有课程资源意识和开发能力的教师，即使在不变动当前课程内容的情况下，也能在现有的课程内容中发现并利用中小学语文课程与教学资源，为学生创造一个提供丰富的语文学习资源的环境，使学生获得最大限度的语文学习资源。教师本身是语文课程资源的重要组成部分，他们在中小学语文课程资源的开发与利用中，扮演着不可或缺的角色，因此，在中小学语文课程资源的开发与利用中，重视和发挥语文教师的智慧潜能尤显重要。

（1）正确的理念很重要

语文教师要有明确课程资源意识、充分认识课程资源建设的真实目的，才能积极主动地发挥创造力，创造性地使用现有的语文课程资源，参与中小学语文课程资源平台的建设，才能发挥自己的专业特长，与相关学科、相关领域自愿合作，搭建协同开发中小学语文课程资源的"团队"。

（2）要有一个善于思考的大脑，一颗善于观察的心，一双敏锐的眼睛和广泛、丰富的爱好及广博的知识

语文学习的重要功能是丰富语言情境，课程与教学资源平台的提供可以通过一些途径来完成，如丰富的背景资源的提供等。敏锐的判断力和鉴别力的保持，可以使教师发现并且开发来自生活各个角落、各个方面的可利用的语文课程资源；广泛的兴趣爱好与广博的知识储备，可以使教师具备驾驭各种、各类课程资源的能力。

此外，现代课程理念、教学策略的融合与渗入以及掌握现代技术的能力与获取信息的能力，也制约着语文教师课程资源开发与利用的能力。中小学语文课程资源平台的建设应该作为一种思维方式，体现在各种形式的课程教学中，运用适当的教学理念和教学策略启发学生学会反思、学会欣赏、学会审美、学会合作，考虑学生的不同学习风格和认知语言，遇有争议的问题时，以开放多元的方式来进行分析，给学生充分的自主学习的空间和机会。通过课程资源的整合与综合、角色教育、自我认识能力的培养、批判性思维能力的培养、多向思维能力的引导、宽容精神的养成等有效的教学策略，激发学生具有潜在价值的创造才能，并逐步培养学生的课程资源意识和开发能力，从而获得适应个人发展、社会发展以及全人类发展所必需的知识、技能和态度，并且能有效地保证学生语文学习的生活视野、未来视野与世界视野。

3. 重视校内外中小学语文课程资源转化机制的建立

中小学语文课程与教学资源的开发和利用，要符合中小学语文教学和学习规律，优先考虑学生的兴趣爱好和发展需求，优先考虑教师的知识结构和学养水平，优先考虑社会生活的发展需要和有效性，统整中小学语文各类课程与教学资源。原有的学校课程与教育资源只归某个部门所有，并且只对某些特定群体开放，相对来说，可以利用的便捷性和频繁性较为突出。但校外的语文课程学习资源也有着不可替代的作用，随着现代教育技术的发展，校内外课程资源的界线逐渐被打破，信息、经验、方法等在网络环境下得以互联与共享。终身学习体系的建立和实现社会教育资源的共享，与校内外课程资源的开发与整合有

着直接的关系。其中，加强宣传、政策支持和协调沟通，是建立校内外课程资源转化机制的关键。学校不仅要善于利用和开发社会以及其他学校的语文课程资源，同时也要面向社会和其他学校开放自己的课程资源，发挥学校课程资源的辐射作用。改变学校教育资源的专有性和封闭性，需要建立起校内、校外课程资源转化和沟通渠道，将学校的办学行为社会化，全面向广大社会成员开放，这样也会在一定程度上加强学校与社会的广泛联系，为进一步共享社会的资源提供"人际网络"条件，并在负责组织调控的教育行政机构的主持下，在相互开放、相互配合下，建立一个学校、社会、家庭、媒体的大教育环境，建立健全中小学语文课程资源共享的系统。

（四）网络环境下中小学语文课程与教学资源的开发和利用

中小学语文课程作为其他学科的基础课程，所涉知识广，所跨领域多，建设好网络环境下的中小学语文课程与教学资源尤显重要，义务教育阶段应当密切关注当代社会信息化的进程，推动中小学语文课程的变革和发展。

现代信息技术的发展极大地影响了中小学语文教育与教学，它为中小学语文学习环境的创设和语文学习方式的转变，提供了工具和手段，它以其资源的丰富性、学习的交互性和独特的技术优势，给中小学语文教育带来了无限的发展空间。因特网的出现使信息传递的速度、质量和范围都发生了质的变化，它不但优化了信息环境，而且增值了信息价值，加之它所具有的查询、检索、统计、分析、排序、交互等功能，使网络环境为创设以学习者为中心、实现个性化学习而建立了一个系统平台。网络环境对语文教学带来的影响，主要有阅读、写作方式的变革，从文本到超文本，从文字阅读到多媒体电子读物，从高耗低效文字写作到低耗高效的电脑写作，都会在一定程度上导致思维方式的变革。学习时空概念的变化，不只局限在课堂、学校学习，使学习的时空范围大大地延伸，教师角色定位的改变和教学理念、教学方式的改变等。

信息技术与网络环境无疑是21世纪推进中小学语文教学现代化所必须充分利用的、十分重要的工具，特别是多媒体技术的出现和教育应用为中小学语文计算机辅助教育教学注入了新的内涵，它以其新型教学模式的多姿多彩，以优化教学、促进学习、培养能力、发展智力为目标，有效地解决教学中的问题，用电教媒体之长补传统教学之短，它自身的理论与发展越来越清晰地打上适应主体教育的印记。因此，网络环境下中小学语文课程与教学资源的建设，在中小学语文教育中，不是要不要的问题，而是怎样建设和怎样使用的问题。

1. 网络环境对中小学语文课程资源和培养学生的影响

网络环境为整合中小学语文课程资源和培养学生的信息整合能力提供了可能。中小学语文课程资源是随着社会不断发展而日益丰富的，而目前初步研究的实际情况也完全证明，中小学语文教学不仅亟待凭借网络与信息技术来实现课程资源的"整合"，而且这种"整合"具有异常广阔的天地；同时，中小学语文还要为普及信息技术教育，培养学生的基本信息能力和信息素养提供整合的教育模式。网络与信息技术应对各个学科的教育教学起促进和加速的作用，中小学语文学科也不应因信息技术的介入而失去其内涵与传统，还要依靠网络与信息技术的优势，为所提倡的综合性学习、合作式学习提供广阔而开放的平台。网络环境下语文课程资源的充分开发和利用，使语文教学的手段和条件都将发生巨大变化。语文教学中许多原来难以解决好的问题，例如信息资源的检索与共享、质量标准、教学效率、学生学习潜力的充分发挥，甚至综合性学习的课程资源以及学生的自主学习、合作学习，都可以在网络环境下得到加速发展。

2. 教育智慧在网络环境中所起到的作用

教育智慧在网络环境资源的开发和利用中，起着不可替代的作用。可以说，网络与信息技术的"用武之地"是非常广阔的，现代教育技术的核心是拥有现代教育观念、正确的教育技术观和正确的教育技术手段价值观。所谓的教育技术也应该由教育智慧、方法技能和工具手段（硬件、软件）三大要素有机地构成，无论是外显的还是核心的都离不开人的导向作用。因此，在网络环境的资源建设和使用中，关键是中小学语文教师如何发挥主动创造性，运用什么样的教育智慧和教育理念去应用课件和"教学资源库"，利用网络与信息技术所提供的平台，发挥信息技术在交互性、选择性、智能化等方面的优势，研究如何根据学习需要去创设语文学习的新情境，为学生提供适应自主学习、合作学习、综合性学习，更合理、更便捷的参与条件。

3. 在网络环境下中小学语文课程资源的开发和利用的方向

适用范围广泛、内容丰富的资源库的建设是网络环境下课程资源开发和利用的具体方向。实践表明，多数中小学语文老师去研发课件绝不是方向，计算机教学软件的开发与研制必须由懂计算机技术、懂教育心理学、有教学经验、熟谙教材的综合性人才或各类专家合作完成。只有既适于大多数语文老师掌握、又适于少数技术水平高的老师使用的资源库，才能使凭借信息技术实现课程整合的探索具有广泛的群众基础，使网络与信息技术的应用和提高语文教学质量紧密结合起来。网络环境下中小学语文课程与教学资源的建设，应该有两个层次，即基础性和发展性。基础性语文课程与教学资源提供语文学科必备的，包括字词句篇、听说读写等方面的语文知识和文学知识、文体知识、文化常识等以及中小学语文课程与教学内容中涉及的自然科学、社会科学等方面的相关知识；发展性语文课程与教学资源则提供培养学生各种与语文相关的能力的知识与作业设计以及自主学习、深入研讨、综合运用知识的课题。从现代教学思想出发，充分利用网络与信息技术的优势，凭借两个层次的资源库开发，并使教师"个人教学资源库"与"共享的普适型教学资源库"多元化发展，形成良性互动，选择适宜的应用策略和方式，发挥适用语文学科积件库的平台和交互优势，创造成功学习模式，中小学语文课程与教学资源才会更有生命力。

4. 以正确的态度使用网络环境下的中小学语文课程与教学资源

可以说，网络环境下的教学平台上提供了大量的中小学语文课程与教学资源，包括教学计划、实施建议、指导步骤、模拟课堂、学习实践园地等，但是并不能完全无所顾忌地使用，网络资源会自然地涉及知识产权的问题，所以要遵守网络环境的公共规则。教师和学生要全面地介入，共同学习使用系统工具和媒体，为学生提供系统工具的使用指导，增强对学习者的引领作用。此外，注意发挥网络环境动态与开放的优势，有计划地通过计算机网络、双向视频系统、网上讨论和作业、小组讨论、面授、指导等进行实时和非实时交互，既要符合语文学科的规律和内在体系，又要符合学生的发展阶段和认知特点，提供个性学习、合作学习的环境，体现网络环境下中小学语文课程与教学资源的系统性和整合性。

为推进中小学语文教育信息资源的共享和减少成本的投入，采取区域性推进的方式比较适宜，即以中型城市为中心，系统地、整体地推进区域教育信息化，建立一个市的教育信息网，整体筹划购置和配备合理的教育资源库，建立培训基地，为各学校选择合适的上网方式，制订合理的硬件配置计划，并以点带面，培训一支高水平的、应用信息技术开展教育教学的骨干教师队伍。其中，可以以中小学语文教材资源库的建立为先，带动其他教育信息和资源库的建立，这样不仅避免重复建设，节约资金，可使最小的投入获得最大的收益，还可以加快信息技术与其他课程的整合，提高师生的整体信息技术能力，推进地区的教育现代化进程，并逐步构建一个高水平、高效益的教育信息化的"教育因特网"。

第三节　语文课堂的教学分类

一、中小学语文课堂中的阅读教学

在中小学阶段使学生接触阅读有助于提升学生的文学情感素养，形成基本的价值观，因此，中小学阶段的阅读教学非常重要。

（一）诗词

指导中小学生解读诗词，关键在于把诗词解读的基本策略与应用练习方法教给他们。诗词的解读策略大体一致，但也略有差异。

1. 诗歌解读策略归纳

诗者，吟咏性情也。诗人是以形象去表现他的情感或他所理解到的人类情感的，因而，意象是分辨诗歌质量高低的一个依据、一个抓手。

但是，诗歌不只是靠一个单纯的形象就产生作用的，整首诗是一个生命，是一个感动、生发的生命，是在成长的，它的每一个部分都要组织结合起来，才能判断它是好诗还是坏诗。所以，我们批评、欣赏诗歌，除了根据意象，还可以根据它的用字、造句和章法、结构来判断，来感受、体会。

2. 诗歌解读策略应用练习

① "轻风摇细柳，淡月映梅花。"

② "轻风舞细柳，淡月隐梅花。"

③ "轻风扶细柳，淡月失梅花。"

上面的三联诗句，哪句最优?

参考答案：第一联的"摇""映"二字，确实写出了柳的动态和月的皎洁，但第二联的"舞""隐"，要略胜一筹。因为"舞"是模仿人的动作，把柳的姿态反映得更加生动形象；"隐"是夸张写法，使月的皎洁更加突出。第三联的"扶"和"失"字，好在"扶"的拟人化更准确，既写出了风的轻微、柳的纤弱，又写出了风与柳的亲昵和互相依偎的姿态，所以比第二联的"舞"更生动得体。"失"字，也比"隐"字更传神，它准确地写出了月、梅融为一体的情景。

（二）散文

散文是一种以情思为元素、以自由感知为创作方式、以营造韵致情味为重心、以本色为基调的文体。

1. 散文的文体特征

（1）散文的基本元素——情思

古今中外之顶尖级的散文，令人读后产生震撼的散文作品往往是本来不写散文者偶尔为之的作品。譬如，名家大师晚年的随笔，好像不经意，但读起来感觉特别理性又特别有情味：理性的却是渗透情感的，这就是我们所说的"情思"。散文之美，首先在于其"情思"之美。优秀的散文应该是"审智"的或"智性"的，其表达的是一己之超出感性层面的生命领悟或其独到的审美发现。

（2）散文的创作方式——自由感知

想象是诗歌的创作方式，虚构是小说的创作方式。散文的创作方式则是自由感知。所谓自由感知，是以自由的心灵状态去感知天地万物。这种"自由感知"的创作方式使散文在"感觉和知觉"的自然开放中大幅度地保留着真景、真情、真实的心理状态和真实的过程。

（3）散文的文体重心——营造韵致情味

散文主要在于"情调"或"情韵"。

（4）散文文体的基调——本色

散文文体的"本色"表现在内容和用语两个方面。内容上，散文是"任心"而且"照样"的。它是清唱，素面示观众，从不用假嗓子。它发出的是作者的真声音，抒发的是作者的真情感，流露出的是作者的真心理，描绘的是真景象，叙写的是真实的过程。散文中的"我"只能是作者本人。而且，对散文的"任心"而且"照样"也不能做机械的僵硬的理解。李商隐的诗歌常常写传说中的景与物，但其所传达的"情"还是李商隐的"真情"。同样，散文也可以"假中见真"，只要其传达的"情思"是作者本人的真实感悟即可。

2. 散文解读指导设计

指导中小学生学习关于散文文体的基本知识，培养正确的散文审美观。按照对话理论，解读散文的过程即解读者与散文文本的对话过程。因解读者的参与，文本才开始"说话"。所以，解读者处于优先位置。因此，解读者的视界，解读的观念和视角，也就成了诠释的逻辑起点。

面对经典散文作品，要求中小学生把自己首先设定在"倾听者"的位置而不是"评判者"的位置上，在作者与其实际的或假想的读者对象之间的关系中、在作者及其所处的具体语言环境中充分理解并体验其通过文本所表达的思想感情。中小学生的主要任务是学习，既然是学习，就不是仅仅重复自己已有的思想感情和话语表达形式，而是要通过对别人思想感情的感受和理解，扩大自己的思想视野和情感感受的范围和深度：我们不必成为屈原，但要能够感受和理解屈原；我们不必成为鲁迅，但要能够感受和理解鲁迅。正是在这种感受和理解的基础上，我们才能不断扩大我们感受和认识的范围，我们的人文素质才会得到持续的提高。

那么，怎样才能比较充分地理解作者通过文本所表达的思想感情呢？可指导中小学生具体分两步走：

（1）了解相关背景知识，还原写作语境

谈到文本解读，鲁迅先生曾说："最好是顾及全篇，并且顾及作者以及他所处的社会状况，这才较为确凿。"

（2）追寻作者原意，感受其情思之美

追寻作者原意的过程是经由文本，和文本作者对话，进而把握文本作者思想感情、走近文本作者的过程。怎样才能追寻到作者的原意呢？最基本的方法就是和文本对话。文本是一个语言符号系统，其中的字词句与段落、章节、上下文是互相依存的。可分两步对话：①字求其意，句索其旨，然后由字词句再推向全篇。这是由小及大。②由大及小，由整体推向个别，因为要锁定字义，又须以全篇及其题旨为依托，不然只重文字训诂，就难免方枘圆凿。当代诠释学认为诠释还可由文本内部扩展到外部。如个别篇章与全部创作之间、单个文本与群体文本之间、文本创作与社会现实背景之间等，从而形成诠释循环。诠释循环的关键是不要封闭而要开放。

指导中小学生关注散文作品的表现形式，品味经典散文的情韵美。经典散文作品之所以成为经典，不光因为其思想内蕴的美，还与其完美的艺术表现有关。因此，散文作品的表现形式也应成为重要的解读对象。

引导中小学生立足当代，把文本置于当代现实语境和个人境遇中，对文本进行研究性解读，发掘其当代价值，赋予其新的生命与意义。阅读欣赏本质上是个人的一种创造活动，具有个性和多元性的特征。

（三）小说

指导中小学生解读小说作品，可以着力于如下五个方面：

1. 解读故事的基本轮廓

小说能给人一种不同寻常的人生故事的魅力。小说的本质就是特殊性超过了一般性的人生故事。这就是小说的基因。这个基因里面包含着小说史所有的秘密。它是促使小说不断发展的最根本的动力。

所以，解读小说的第一环节，就是通过总体地阅读小说的文字语言，迅速把握这篇小说故事的基本轮廓和情节的基本类型。小说有各种不同的情节类型，譬如，古人常常把社会上发生的风波之事归罪于恶性的钱财，于是便有财生风波型公案故事、财生亲疏型世情故事等多种类型。

2. 理解小说人物的情感、个性、心理与命运

有什么样的人物性格和人物命运，小说就会发生什么样的事情和情节。小说鉴赏者在了解故事轮廓和故事类型的基础上就要进一步把握小说人物，理解小说人物的情感、个性心理与命运。可以以小说中的环境描写、写人细节及故事情节为视点，探讨小说人物的情感、个性、心理与命运。

（1）关注环境描写，体会人物情趣与心理

环境描写包括自然环境描写和社会环境描写。可以从人物活动的时间、地点、时令、气候、地理风貌等自然环境的描写所营造的气氛中感受人物的情趣、心境。

（2）关注写人细节，把握人物性格心理

小说往往通过肖像、言语、行动、心理等细节来刻画人物性格、烘托人物心情。关注这些写人细节，特别是其中的特殊细节是有效把握人物性格心理的重要途径。

（3）关注小说情节，解读人物命运

小说情节的实质就是一系列展示人物性格的各种细节连贯有序的艺术组合。关注小说情节与走向，是解读人物命运的重要途径。

3. 鉴赏情节

在传统小说中，情节是人物活动的轨迹，小说里的人物主要是通过情节来刻画的，没有好的情节，人物就站不起来。小说之提炼情节，犹如诗歌之提炼形象。鉴赏情节，包括鉴赏情节的生动性与情节的情理性等多个方面。

（1）鉴赏情节的生动性

小说描摹特殊性超过一般性的人生，特殊就是与众不同、不同寻常，如果连广义的"奇"和"异"都谈不上，也就无法成为小说的素材。所以，搜奇觅异是小说创作的第一步。

（2）鉴赏情节的情理性

小说中的情节，偶然性超过了必然性，但又受到必然性的制约，按照一般的说法，就是既在情理之中，又在意料之外。对于"情理之中"的"情理"这一概念，有必要做一界定。这里所谓的"情理之中"，是指小说所表现的故事，它必须合乎人情世态的情理，却不一定合乎自然的物理。即是说，故事的社会性是合乎情理的，至于它所涉及的自然性的方面，可以符合自然的物理，也可以超出物理之外。超自然、超物理的情节，依然要遵守幻想的逻辑，即是说，在允许超出物理的前提下，保持前后的一致性和因果关系。

4. 分析小说的思想内涵与主题

小说鉴赏要透过人物形象和描写人物形象的具体材料（细节、情节），领悟和体会作者在人物形象和故事情节中寄寓的主题，这就是要理解人物形象背后的艺术底蕴。分析小说主题的主要途径有：

（1）从作者背景看主题

这里所谓的作者背景既包括作者所处的历史、社会、文化环境等宏观背景，也包括作者写作的时间、场合、心态等中观背景。

①作者的情感、性格及其对待世界的基本态度是探讨小说主题的一个途径。

②作者的小说观念也是探讨小说主题的一个途径。

③作者个人的生活背景也是探讨小说主题的一个途径。

（2）从人物塑造看主题

作家往往通过人物形象塑造来表现主题。

（3）从情节发展看主题

小说的故事情节必须以某些矛盾为内容，矛盾怎样发展、怎样解决，无不体现出作者对这些问题的看法。从这些看法中理解主题同样也是小说欣赏中被经常运用的方法。长篇小说往往有多对矛盾，要注意区分主要矛盾（亦称主干情节）和次要矛盾（亦称分支情节），要抓住主要矛盾或主干情节来分析和理解小说主题。

（4）从语言的感情色彩看主题

作者在行文中总是要对自己所揭示的矛盾以及所描写的人物等表现出一定的褒贬倾向和感情色彩。判断这种感情色彩，是理解作品主题时所不可缺少的一环。

（5）从整体倾向看主题

小说的主题并不是一个孤立的现象，而是与小说诸要素紧密相关的整体体现。所以，理解小说主题的方式不仅仅限于以上谈到的几个方面，而应当是多侧面的、多角度的。同时，从整体倾向看主题，包含着要具有全局观点的问题，否则就容易对小说主题做出片面的理解。

5. 体味与欣赏优秀小说的艺术技巧

小说鉴赏的深化是要进一步关注小说的形式，体味作品富有特色的艺术技巧。如果阅读和欣赏的是 20 世纪现代主义小说，则更要把"形式"和"技巧"放到突出的位置。因为 20 世纪小说家的小说观念发生了很大的变化，小说被看成小说家个人精神的漫游与形式的历险。因而，阅读和欣赏现代主义小说，一方面要解读小说家表达的世界究竟是怎样的，另一方面更要解读小说家是怎样表达世界的。

小说的艺术技巧涉及的内容相当广泛，包括写人技巧、叙事技巧、塑造情节的技巧、结构布局的技巧、表达主题的技巧等。下面举例说明：

（1）结构布局技巧

中国传统小说大都以时空顺序，按情节的因果演变（起因→发生→发展→高潮→结局）为逻辑顺序结构全篇。

（2）恰当准确的象征艺术

现代小说常常运用象征手法。

（3）省略方式的大量运用

省略是小说家必用的方法，现代叙事的一个显著特点就是突然而大跨度的省略频频出现，造成愈加增长的非连续性效果。

（四）剧本

指导中小学生解读剧本，可以着力于如下六个方面：

1. 感受情节的戏剧性

曲折、充满戏剧性的情节，是戏剧美的体现，是戏剧产生吸引力的重要因素，其能极大地满足人们好奇、尚异的需求。因此，感受情节的戏剧性自然可以成为剧本解读的目标之一。

2. 探讨剧本人物

鲜活、新奇的人物是戏剧作品产生吸引力的又一个要素。优秀的戏剧作品大多塑造了一些熠熠生辉、令人观后印象深刻、终生难忘的人物。像中国古典戏曲中的诸葛亮、包拯、红娘、武松、李逵、窦娥、秦香莲等；中国话剧中的四凤、周萍、觉新、鸣凤、梅表姐、屈原、蔡文姬、王利发等；外国戏剧中的哈姆雷特、罗密欧、朱丽叶、娜拉、阿巴公等，可谓层出不穷。阅读优秀的剧本不仅要把握人物的个性与命运，还要准确解读人物行动的心理并探寻人物个性、心理、命运及其背后的原因，从而增强人际理解力，增长见识并获得人生启迪。解读戏剧人物，应以人物整个的言语与行动为抓手。否则，理解就会流于片面。

3. 多层面地探讨剧本的思想文化内涵

优秀的剧本总是有深刻的、丰富的思想文化内涵。探讨优秀剧本的思想内涵与文化意蕴及其形成原因自然是戏剧解读的一个重要目标。探讨剧本的思想文化内涵可以从创作的时代背景、作者的心态、人物塑造、矛盾冲突和情节安排等多个方面入手。

4. 领会剧本的情节布局技巧，明晰戏路

譬如，四幕剧《雷雨》。戏剧一开场就让人有一种"山雨欲来风满楼"的感觉，差不

多所有的人都交了锋，见了面，种种矛盾冲突都聚拢在一起：鲁侍萍从济南回家看望女儿，繁漪约她相见，来到周公馆遇上周朴园；鲁大海作为罢工工人代表找周朴园算账，也来到周公馆；周萍为了摆脱后母的纠缠准备离开周公馆，引起了繁漪的纠缠和报复。这些矛盾交织在一起，如箭在弦，一触即发。然而，戏剧家曹禺却很善于控制剧情发展，并没有让各种矛盾立即爆发，而是采用"回溯式"的方法去组织情节。这样做使剧本情节布局疏密有间、曲折宛转，既能使观众在阅读时不断地产生审美愉悦，又能避免读者一直处于紧张的状态之中。

5. 鉴赏台词

剧本（悲剧和喜剧）是最难运用的一种文学样式，其之所以难，是因为剧本要求每个剧中人物用自己的语言和行为来表现自己的特征，而不是作者的提示。因此，需要把鉴赏的重点放在人物的台词上，而不是放在作为舞台说明的叙述和描写性的语言上。

（1）特别关注违反会话合作原则的语言

会话合作原则分为四个准则：

①量准则：使自己所说的话达到（交谈的现时目的）所要求的详尽程度，不能使自己所说的话比要求的更详细。

②质准则：不要说自己认为不真实的话，不要说自己缺乏足够证据的话。

③关联准则：说话要贴切。

④方式准则：避免晦涩的词语，避免歧义，说话要简要（避免赘述）。

优秀剧作家常常有意打造违反合作原则的会话，借以表现人物心理、动机、个性与关系。而剧本解读者则要敏锐地抓住那些表面上违反会话准则的对话，从更深层的角度理解和体悟到戏剧文本背后的会话含义，从而更好地把握人物的性格特点和作者想要表现的主题内容。

（2）特别关注冲突性话语

戏剧冲突必定大量地表现为人物间的语言冲突，具体表现为冲突性的话语。以冲突性话语为抓手探讨冲突的缘起与结果，可以深度把握人物与理解人生。

（3）充分感受剧本语言的特点

优秀剧本的台词具有口语化、性格化、动作性强等突出特点。所谓台词的"动作性"，简单地说，就是人物的台词既能表现自己的思想感情，又能牵动舞台上其他人物的心理和身体活动。

（五）新闻

有些人或许会说，读新闻不就是为了获取新闻事实吗？有什么解读策略可谈的？对于新闻文本，不错，一些普通读者只把获取信息作为目的，但是，还有一些普通读者，却有更多的追求。指导中小学生解读新闻文本可以关注如下三方面：

1. 新闻事实

新闻的基本功能是告知新闻事实。新闻传播的过程本质上是传播者与受传者之间的以新闻信息为主要内容的一种信息交往过程。所以，一般受众阅读新闻的基本目的就是获取新闻事实（新闻信息）。

2. 传播者的意图及倾向

新闻的价值规律决定新闻传播活动必须将新闻价值介入到记者的观察中去，从而发现社会现象或社会事件的价值和本质。而在具体写作新闻作品的时候，越是好的新闻越是善于在内容上贯彻自己的意见，也越是善于在形式上隐藏自己的意见。当检验新闻传播的效果时更是把传播者意图的最终实现作为标准。基于上述原因，应该把传播者的意图和倾向也作为中小学生解读新闻文本的目标。

3. 新闻作品的表现形式

优秀新闻写作者不光在新闻主题提炼上别具匠心，而且在叙写角度、叙写模式与策略、语言运用、表现手法、结构形式等多个方面都用心，在致力于带给读者特别的审美享受的同时，也达到了最佳传播效果。

总之，经典新闻文本的形式美，应该成为中小学生解读新闻文本的特别关注对象。应该引导中小学生大力研读经典新闻文本、充分领略前辈与时贤在新闻实践中的创造智慧，从而为其新闻文本的写作打下比较坚实的认知基础。

二、中小学语文课堂中的写作教学

写作是运用语言文字进行表达和交流的重要方式，是认识世界、认识自我、进行创造性表述的过程。写作能力是语文素养的综合体现。写作教学应贴近学生实际，让学生易于动笔，乐于表达，应引导学生关注现实，热爱生活，表达真情实感。写作作为语文教学的重要内容，教师要善于引导并开发学生写作的兴趣，帮助他们树立快乐写作的信念。

（一）诗词

韵律节奏是诗歌的突出特征。指导中小学生写作诗歌就可以"韵律节奏"为切入点，采用先分步再整合的训练思路。

1. 不断地分行书写

诗歌写作，首要的是语言的形式，语言的形式发生了变化，可能就有了诗歌的模样。

2. 多做押韵练习

诗歌的形式中最为重要的就是押韵，古今中外，概莫能外。押韵，是中国诗歌乃至汉语语言中的美之所在。《诗经》中有首《郑风·将仲子》，全诗不用比兴，只是直接说出了人物的内心情意，但它其实是一首很美的诗，一起看看其第二段与第三段：

将仲子兮，无逾我墙，无折我树桑。岂敢爱之，畏我诸兄。仲可怀也，诸兄之言亦可畏也。

将仲子兮，无逾我园，无折我树檀。岂敢爱之，畏人多言。仲可怀也，人之多言亦可畏也。

第二段中的"墙""桑""兄"就是押的同一个韵，然后换韵，"怀"和"畏"押的是同一个韵。第三段中的"园""檀""言"押的是同一个韵，然后换韵，仍然是"怀"和"畏"押同一个韵。就在这种声音的变换与重复之中，女孩子那种柔婉多情而又顾虑重重的矛盾心理全都传达出来了。

（1）双音节词语押韵接龙游戏

①"满意"的韵母为"i"，在黑板上写出一个第二个音节以"i"为韵母的词来。一人写一个词语，不准重复。

②"香甜"的韵母为"ian"，在黑板上写出一个与第二个音节押韵的词来。一人写一个词语，不准重复。

（2）三个音节的押韵接龙游戏

受欢迎—真机灵—不安定—我先行—要和平。麦当劳—吹口哨—实在高—做不到—呱呱叫。

（3）五言押韵接龙游戏

全班一分为二，黑板也分左右两个部分。两部分的学生可在黑板左右部分板书抢答，每个人按教师的出句写一句押韵的五言句子。（不许用原诗句中押韵的句子）

（4）七言押韵接龙游戏

全班一分为二，黑板也分左右两个部分。两部分的学生可在黑板左右部分板书抢答，每个人按教师的出句写一句押韵的七言句子。（不许用原诗句中押韵的句子）

（5）诗词仿写游戏

要求：模仿名诗名词的表达方式和表现风格，将其中的具体内容换新，从而临时仿造出一首新诗或新词。

3. 运用重复与对比思维模型渲染情感

重章叠句是《诗经》的突出特点。通过反复咏叹，能造成音乐般余音绕梁的审美效果。如：蒹葭苍苍，白露为霜，所谓伊人，在水一方。溯洄从之，道阻且长。溯游从之，宛在水中央。蒹葭凄凄，白露未晞。所谓伊人，在水之湄。溯洄从之，道阻且跻。溯游从之，宛在水中坻。蒹葭采采，白露未已。所谓伊人，在水之涘。溯洄从之，道阻且右。溯游从之，宛在水中沚。

4. 尝试创作诗歌并积极参与诗社的原创诗歌朗诵会

各项诗词写作策略分步学习完毕后，接下来就是尝试创作诗歌，有点灵感，有点火花即刻捕捉住，坚持创作并力求形成习惯。

（二）散文

1. 引导中小学生积极提升个体生命境界

散文似乎人人都可写，但特别难写好。原因在于一篇散文质量的高低，首先取决于它所要表达的"情思"质量的高低。而创作主体的"情思"质量又取决于其自身生命境界及其心灵图景的美好程度。一句话，散文之"情思美"要从创作主体的生命内部入手去酿造，用孟子的话来说，就是要"养气"，加强个人的内心修养。孟子、韩愈等大家"善养浩然之气"，所以，他们的散文元气淋漓。今天所谓的"大散文"，不在于题材大，而在于思想大、情感大，需要"大"气。《史记》《左传》就是大散文，精神、气血无不具有。鲁迅的许多散文就是大散文。

2. 立意要尽量避免杂和浅

古人非常重视立意。作为一种文学创作的散文，其艺术本质与最终目的是向读者提供一种体验、一种感动、一种共鸣和一种感染。而任何事情的蕴含都是多层面的。所以，创作主体首先要深入思考自己会感动的原因，即要"炼意"。只有找出了感动自己的本质原因，以之为"意"，才可能感动读者。"意多乱文"。自然，散文立意也要忌"杂"。

当然，中小学生生活阅历尚浅，思想深度也相当有限。所以，此处所谓"浅"与"深"只是一个相对概念，旨在强调中小学生应该在"炼意"上下功夫。

3. 要有细微处支撑

散文是最本色的文类，讲究自然，它不像诗歌一样可以"跳"着走，它只能"漫步"。所以，其无论是叙事、写人还是绘景，都要"照样"，都讲求"临场感"。这就需要有细微处支撑：叙述事件，不仅要交代清楚时间、地点、人物、起因、过程的主要环节及最后的结果等"六要素"，而且作者在事件发展过程中的心理活动、喜怒哀乐、联想想象、感悟体验都要一并写出；写人要具体再现人物的形貌言行与心理活动；写景则要交代景与物的具体方位与结构布局及情状。

4. 使用朴素清新的语言

因为散文是最本色的文类，所以，散文用语要朴素自然，不要矫揉造作，尽量少用成语，更不要用程式化的水龙头式语言。

（三）小说

指导中小学生写作小说的策略主要有：

1. 要求以虚构为创作方式

小说是作者人为的想象和叙述的产物。虚构是小说的创作方式，譬如，莫言的《红树林》的虚构性就体现在多个方面，如塑造了一些神秘的人物如陈小海、万奶奶等。但这还不是主要之处，主要之处在于虚构了一个神秘的全知叙述者——"我"。散文中的"我"只能是作者本人。而《红树林》中的这个"我"却是作者莫言人为想象的产物，同时也是作者莫言在小说形式方面的又一次成功历险。

2. 指导运用相似思维方式生成立意

文学是一方以文字为材料、依书写而构成的自由天地。"自由"亦即通过寻求、缔造一个理想的秩序世界来超越和取代现实的紊乱世界。

3. 指导运用重复赋形思维模型与对比赋形思维模型展开、渲染主题与立意

重复赋形思维模型：通过具有内在相似性的材料、形象、情节的复制、聚合，达到渲染主题的艺术效果。重复赋形思维分渐进性重复思维与平列性重复思维两种。对比赋形思维模型：通过具有内在异质性的材料、形象、情节的结合，以达到衬托主题的艺术效果。

4. 指导运用"对抗"兼"协调"之写作策略

小说写作要透过正常的渠道被传播与接受，就必须讲究策略，策略即是"对抗"与"协调"的辩证法。

5. 语言表达——淋漓尽致地诉说个体的生命体验

小说既为讲故事，所以必须最大可能地营造"口语化情境"，叙述语言和人物语言都必须是充分口语化的——遵循着口语的表达规则，舍弃口语的零乱、杂沓、含糊，保留口语的神韵，达到简洁、干净的口语美境界。

（四）剧本写作指导设计

指导中小学生写作剧本的策略主要有以下几点：

1. 敲定剧本人物及冲突发生的时间、场地之后才开始写对白

戏剧是要上舞台演出的，而演出的时间一般不能超过三个小时，因此，就要求剧本中的人物、场景、时间、地点必须高度集中，十分典型。

2. 通过人物对白交代情节、场景并表现人物性格

剧本是一种非常典型的语言艺术。剧本的情节、人物的性格，甚至场景的变换，都需要靠人物的语言来交代和表现。

3. 注意冲突的蓄势和突转

一般来说戏剧的冲突不是突然而起的，冲突的发展也不是直线行进的，而要经过一个矛盾逐渐积聚的过程，并且这种积聚是有层次的，这个过程是起伏的。所以，戏剧作者要善于"蓄势"，也就是通过种种"一波未平，一波又起"的腾挪变化，酿成一种"盘马弯弓惜不发"的态势，这种态势发展到顶点，到矛盾冲突最尖锐、最紧张的时候，也就是全剧的"高潮"。而那股冲破矛盾双方相持状态，为"高潮"的到来扫平道路的力量，则是"突转"。所谓突转，就是剧情的一种出人意料的变化。突转的出现，既是一种柳暗花明、异峰突起的艺术处理，也是生活规律和人物性格逻辑合乎情理的发展。它给观众带来惊讶，使悬念得以揭晓，使性格得以暴露，矛盾冲突得以转化，作品主题也因而升华。

4. 多做改编练习，提高台词写作技术

改编的对象可以是小说、传说、传记、消息等。将小说、传说、传记和消息改编成剧本，改编者必须熟悉原作所反映的时代背景、气氛及当时的人情风貌。改编必须忠实于原著的基本精神。

（五）新闻

不论是以阅读为主的报纸文字新闻，或是以听觉为主要特征的广播新闻，还是以视觉图像为主要特征的电视新闻都是需要"写"的。指导中小学生"写"新闻文本的策略主要有：

1. 引导中小学生加强内在文化修养，历练"抓新闻"的智慧眼光

新闻线索发现和新闻价值评估都受制于报道者已有的文化修养。中国的报道立足于传统文化和谐教化的立场，注重传播的效果和意义。在做负面消息报道时，总是着眼于人们战胜灾难的勇气、信心和力量。将报道的笔触伸向那些灾难中战胜困难的强者以及在灾难中人们互相帮助的友爱精神，体现人战胜自然的乐观精神。

上述文化知识应该是每一个国内新闻报道的初学者在搜集和采访新闻事实前应该具备

的修养。否则，其所拟发的新闻报道很难被代表主流媒体的编辑采纳。

2. 要求结合"五 W"推敲报道风格和叙写模式

新闻写作，第一步是发现新闻线索，第二步是判断新闻价值，之后就是获取新闻信息。获取比较翔实的新闻信息后，接下来要进行"五 W"分析。"五 W"具体指传播者（who）、受传者（to whom）、传播主题与内容（says what）、传播效果（with what effect）和传播媒介（in which channel）。"五 W"分析之后，才进行拟定新闻角度、确定报道风格与叙述模式、选择新闻事实、写作、修改、定稿等各项工作。

"五 W"分析工作做得好，报道角度、报道风格和叙写模式才可能适宜。

3. 指导学习新闻用事实说话的各种技法

用事实说话是新闻在用语上的突出特点，力求再现事件的原生态是新闻写作的追求之一。新闻用事实说话的技法主要有：

（1）事实叙写务求明确具体

新闻用事实说话，表述要明确具体，不能笼统含糊。

（2）尽量用第三者的立场与口吻叙写事实

客观是新闻报道的生命，坚持新闻的客观性原则是新闻报道自身特性的要求。站在第三者立场做叙述，能使新闻更显客观。

（3）巧妙链接背景材料替代记者的逻辑推理

巧妙组合材料称得上是用事实说话的一种艺术。

4. 指导巧拟新闻标题

俗话说"看书先看皮，看报先看题"。可见，标题对引导阅读新闻报道具有举足轻重的作用。也就是说标题必须能"抓人"，制作标题必须追求眼球效应。新闻频道有着三秒原则，即新闻标题要让读者在三秒钟内找到自己想去阅读的新闻。标题"抓人"的策略主要有：

①使用短小精悍的标题。传统消息标题有正题、引题和副题之分，而网络标题很少见引题、副题。一是受众喜短求精；二是标题短小了，同一页面上便可以展示更多的新闻。

②用标题表达新闻的核心内容。用标题表达新闻的核心内容，可使读者望题而知意。

③借助修辞手法产生阅读驱动力。

5. 指导学习导语的多种写法

导语的形式有直叙式、提问式、见闻描述式、对比式、谈心式等多种。多种表现形式各有优长，学习者只有多种形式都学会了，叙写新闻时才会游刃有余。

（1）直叙式

直叙式的特点是开门见山，具有简洁美。

（2）见闻描述式

见闻描述式导语从记者目击的情况具体写来，一开始就给人一种强烈印象，增强新闻的生动和现实感。

（3）提问式

提问式导语是颇能吸引眼球、引起关注和深思的一种导语形式。关键是问题要提得好。所提问题必须是读者普遍关心的问题，或者是大多数人没有解决的，或者是习惯地存在错误看法的。好的问题能像"诱饵"一样，对读者产生诱惑力，让他想一口气读下去，非把答案找到不可。

（4）对比式

对比式导语也颇能吸引眼球引发的思考和阅读欲。这里所谓的对比，指的是新闻事实中当前的某种情况与过去的某种情况的对比，某一个事件和另一个事件的对比。

导语的形式远不止于上述四种。但无论何种形式的导语都不要空泛虚夸，而要有实质性内容，突出最主要最新鲜的事实，用语简洁明了，最好还能吸引眼球。

中小学生的新闻实践锻炼，主要是练习性或模拟性的。学生在语文教师的指导下，利用校园各种媒体进行模拟运作，开展各种各样的竞赛活动。教师要鼓励学生踊跃到校报、校刊、校广播站以及学生自己创造的各种刊物锻炼，以培养学生的新闻习惯，开阔视野。

三、中小学语文课堂中的口语教学

口语交际是语文课程的重要组成部分。口语教学课的设置是基于语文是重要的交际工具，基于语文课程应致力于学生语文素养的形成与发展。在中小学语文教学中，提高中小学生的口语交际能力是非常重要的一项内容。

（一）演讲

演讲以宣传鼓动为目的。演讲的技巧和策略就是关于如何说服大众，影响他们的思维态度和观点的技巧与策略。指导中小学生演讲学习的策略主要有：

1. 要求针对演讲的特定时空背景和人物背景措辞

从交际学角度看，演讲是一种运用有声语言解决交际领域中特定问题的活动。而任何一项言语交际活动都发生在特定的时空背景之下，具有特定的表达者和接受者。因此，针对演讲的特定时空背景和人物背景措辞是演讲成功的首要策略。

①顺应宏观社会语境措辞。

②根据听众认知状况措辞。

③巧妙利用演讲者多元身份措辞。

2. 指导事、理、情有机结合

用具体事例形象化地将一个个论点印入听众的脑海里，这是演讲常用的技巧。没有事实的议论和抒情是苍白的。同样，没有抒情和议论的事实也是呆板的。在演讲中，事、理、情应该有机结合。

3. 指导既"演"且"讲"

演讲，自然是要既"演"且"讲"。当然，得以有声语言为主，以肢体语言为辅。

（1）讲究着装、表情与手势

演讲家有不少是在着装、表情与手势设计上花过工夫的。

（2）处理好语音语调

演讲不同于朗读，要"讲"不要"背"。演讲不同于朗诵，要"真"不要"过"。演讲不同于报告，要"起伏"不要"平稳"。还有，开场起调一定不要太高，要稍低。

（3）选用口语化的词语和句式

听讲者必须在听讲当时接受并理解言语信息，没有反复听、反复想的机会，这就要求演讲者选用口语化的词语和句式，通俗易懂，清楚明白。如果满纸都是结构复杂的长句，还有很多引用的书面语或者文言文，那么，无论稿子内容多么深刻精彩，演讲也只会是自言自语，因为观众只凭听觉是无论如何也无法弄明白的。汉语同音词语比较多，如"期中考试"与"期终考试"，单凭听觉，难以确定是其中哪一个词语。因此，不妨说成学期中段考试或期末考试。演讲使用口语词汇，通俗、亲切。但如果讲者和听众的文化层次都比较高，那么，适当使用书面语言，会给演讲带来文雅、庄重的风格。普通用语和特殊用语在演讲中也要慎用，如天使——安琪儿，嘴巴——口腔，喜爱——垂青，脑袋——头部。

演讲一般使用普通话语词。但适当使用听讲者所在地的方言语词，可以使听讲者觉得亲切有趣。

（二）辩论

辩论是人类的一种语言交际活动，大到国际交往，小到个人处世，但凡解决争端、协调关系、疏导疑难、消除矛盾、宣传真理、动员群众、联络感情、推进友谊等，都离不开辩论。指导中小学生辩论学习的策略主要有：

1. 着力培养自己内在的精神气度

只有加强辩论者自身内在精神气度的修养，才会获得充沛的辩论气势。用孟子的话说就是"善养浩然之气"才能获得气势和信心，辩论时才可能先声夺人，辞以气胜。那么，该怎样培养自身的内在精神气度呢？

（1）按照正义与道德的标准立身行事

浩然之气是由正义在内心长期积累而形成的，不是通过偶然的正义行为来获取它的。自己的所作所为有不能心安理得的地方，则浩然之气就会衰竭。当然，正义与道德的标准因时代、民族、国家的不同而不同。新时代的中小学生应该按照今天的正义与道德的标准立身行事。

（2）博闻强记，积累百科知识

事实永远胜于雄辩。论辩中常常需要以真实、典型、充分的事实揭露论敌之虚假与混淆视听的诡辩。

2. 指导充分解读论辩对手

论辩也是一场战争。正如兵家所言："知己知彼，百战不殆。"对方的情况掌握得越多，论战就越有胜利的把握。不仅要了解对方的年龄、性别、性格、经历、知识水准，还要透析对方的思想倾向、表达特长、论辩风格等。

解读论辩对手最重要的就是解读对手的论辩言论。要能充分了解对手的弱点，抓住对手的实质，抓住对手自相矛盾的地方，发现对手的破绽，捕捉突破的战机，从而有针对性地打击对方。

3. 加强对中小学生的论辩思维训练

论辩思维不仅有逻辑思维的成分，也有形象思维的成分。

（1）论辩中的逻辑思维

论辩需要逻辑，逻辑使人善辩。论辩中的逻辑思维包括同一性思维、对抗性思维、归纳性思维和三段论及各种逻辑推理。论辩中的同一性思维是指论辩的双方必须在同一论题下展开辩论。使用概念必须始终统一，前后思想必须一致。否则，辩论或者无法进行下去，或者陷入抬杠、狡辩、诡辩的泥潭中。论辩中的对抗性思维是指在论辩中，双方的观点、认识不能相同，而必须对立，否则，就不成论辩。归纳性思维在论辩中也常常使用。辩论双方必须始终扣住辩论的主题和基本问题归纳自己的观点，做到层次分明，论点清晰；同时，还要善于归纳对方的观点和见解，这样才能抓住对方要害，有针对性地打击对方。

（2）论辩中的形象思维

逻辑思维使辩论严谨，形象思维则能给论辩带来活力和幽默感，增强说服力。论辩中的形象思维包括发散性思维、论证性思维、类比性思维和例证性思维等。依靠发散思维，论者在论辩中把问题散开去，扩散到日常生活、历史事实、文学作品、典故轶事、奇闻异趣等上面去，从而使论辩纵横驰骋、逸趣横生。论辩交际最有用的工具就是论证性思维。论辩也常常使用类比性思维，用同类事物的荒谬来揭露本事物的荒谬。

论辩思维在论辩实践中起着非常重要的作用，只有增强了论辩思维的意识，加强了论辩思维的训练，才能提高学生的论辩水平。所以，论辩思维训练要常做。

4. 中小学生积极运用论辩策略

常用的论辩策略有：

（1）引人入彀策略

先从对方认可的是非入手，自然而然地导出所要说明的是非，使对方难以逃脱。论战中，如果正面出击难以奏效的话，不妨使用引人入彀策略。

（2）仿效策略

所谓仿效策略指的是答辩的一方仿效对方的逻辑或语言形式创造出与之类似的话语来回敬对方。使用该策略答辩，可以收到意想不到的奇妙效果。

第二章　语文有效教学策略

第一节　语文识字与写字教学

识字与写字教学，包括汉语拼音教学、识字教学和写字教学三部分，在学生生理、心理以及语言能力的发展方面，具有阶段性特征。不同内容的教学也有各自的规律，应该根据不同学段学生的特点和不同的教学内容，采取合适的教学策略。

一、汉语拼音的教学方法

（一）在优美情境中学习拼音

现在的汉语拼音教材，几乎每课都把所要学的零散的拼音内容有效地整合成接近学生生活的情趣盎然的情境图，所配插图大都既提示字母的音，又提示字母的形，不但在视觉上给学生以愉悦的感受，而且在内容上体现了生活的美好，体现了积极向上的人生态度。在教学时，许多教师都能恰当地运用教材，充分发挥教材的优势。例如，有的教师在教学复韵母时，在教学流程的编排中，先是利用情境图引出要学习的"ang""eng""ing"和"ong"四个字母。在学生充分认读之后，又利用"表音表义图"，加强对字母的识记，并进一步利用"语境歌"，巩固字母的认读效果。这样的设计，巧妙灵活地运用了教材中创设的"两境"，为拼音教学服务。学生是用形象、色彩、声音来思维的。情景的创设，使拼音课堂教学妙趣横生，学生在优美的情境中，可以展开想象的翅膀，在不知不觉中主动学习拼音。

（二）在生活语境中学习拼音

首先，要有意识地把学生从生活中获得的经验转化为学习新知识的基础，巧妙地在学生已有的生活经验与学习对象之间建立起新的联系。例如，在教读单韵母时，有的教师出示翘着尾巴、吐着泡泡的大红鲤鱼的幻灯片，让学生观察图形与字形、图意与读音之间的相似处，学生借助他们原有的对"鱼"的生活认知，就很容易认识并掌握单韵母"ü"的字形和字音。其次，学生学习汉语拼音，是一个从语言实践中来，又回到语言实践中去的过程，所以拼音教学不仅要利用学生熟悉的生活环境，激活学生的生活经验，还要多组织与学生的生活世界紧密联系的语言活动，鼓励学生将所学的汉语拼音运用于实际生活中，充分利用一切的学习资源和实践机会，让学生在生活中学，在生活中巩固。例如，在教学具体音节时，可以从学生身边的生活事例入手，从学生最熟悉的口语入手，从学生接触的生活物品入手，引导学生从中提炼出对拼音符号的认同与理解，并进一步让学生联想生活中与此音节相同的其他语词，还可以引导学生把学过的拼音制成标签，贴在自己的学习用品及生活用品上。

（三）在快乐的游戏中学习拼音

玩游戏是孩子的天性，也是孩子快乐的源泉。把汉语拼音的学习和游戏有机地结合起来，在游戏中学，在活动中学，能有效地激发学生学习的兴趣，吸引学生的注意力，收到良好的教学效果。在拼音教学中，可以利用各种有趣的形式，创设生动活泼的学习情境，吸引学生主动参与、互动学习。例如，编儿歌、找朋友、摘果子、猜猜看、摆字母、讲故事、打拼音牌、做拼音操、开火车等，都是拼音教学中常用的学生喜欢的游戏形式。游戏的过程，其实就是学生进行大量的语言活动和肢体活动的过程。在这一过程中，学生不仅能主动、轻松地掌握拼音知识，还能发展他们的语言能力和思维能力，激发想象力和创造潜能，并在学习中获得快乐的情感体验。

二、识字教学的策略

（一）形、音、义结合，以字形教学为重点

识字教学包括字形的教学、字音的教学和字义的教学，这是识字教学的主体内容。在学生识字时，要使汉字的形、音、义三个基本因素紧密联系，互相沟通，最终达到会读、会解、会写和会用的程度。汉字是记录汉语的符号系统，是形、音、义的统一体。识字教学应该根据汉字的特点，贯彻形、音、义结合的原则，使学生读准字音，认清字形，了解字义，从而获得对一个字的完整认识。

相对于字的音和义来说，字形是学生学习的新因素，是他们经验中所缺少的。字形的掌握比字音、字义的掌握要困难得多。有实验证明，在巩固生字的检查中，字形错的频率

往往要比音错、义错高得多。可见，字形是识字教学的关键，也是识字教学的难点。应该强调的是，字形学习不是孤立的。识字教学应该充分利用学生生活经验中已有的音、义联系，与字形建立新的统一体。当然，如果生字的字义是学生所不熟悉或较抽象的，则要先帮助学生建立新的音、义联系，然后在此基础上与字形建立统一的联系。

（二）利用汉字规律，引导学生认识汉字的魅力

汉字是表意文字。在教学过程中，教师可以充分利用汉字的表意功能、汉字的结构或汉字的造字原理，适当渗透相关的字理知识或其中蕴含的文化信息，让学生在不知不觉中感受汉字的优美和趣味，发现汉字的特点和规律，从而有效激发他们主动识字的欲望，培养他们独立识字的能力。

（三）运用多元识字法，激发学生的识字兴趣和潜能

每一种具体的识字方法，虽然各具特色，各有所长，但却不可能是全能，没有局限的，所以在教学中应当相互取长补短。就汉字的属性而言，注音识字强调字形与口语的关联，字理识字则强调利用汉字形义统一的原则；就汉字的习得阶段而言，韵语识字适用于识字的初期集中积累阶段，分散识字则更适用于识字的中后期积累运用阶段等。在教学中，要根据不同的教学阶段和汉字不同的属性，选择不同的识字方法和教学策略。教学方法与教学策略的多元化，既可以灵活应对汉字自身的复杂性，也可以有效适应不同阶段的汉字习得要求。在教学中，教师应该尽量用汉字自身的构形原理及其形、音、义统一的科学规律来调动学生的观察力、想象力、联想力和思考力，从而有效激发学生学习汉字的兴趣，开发他们的各种识字潜能。

（四）创设良好的识字语境，培养学生独立识字的能力

识字教学不仅要注意抓住汉字自身的规律，选择恰当的教学内容，还要注意学生的特点，将学生熟识的语言因素作为主要材料，结合学生的生活经验，引导他们利用各种机会主动识字，力求识用结合。因此，在教学中要抓住学生认读汉字的规律，为学生创设识字情境，让学生在生动具体的生活情境和识字语境中，主动识字和用字，逐步获得独立识字的能力。在教学中，教师还要特别注意对学生独立识字能力的培养。在示范学习了一个生字以后，概括出学习方法，再引导学生用自己喜欢的习惯和方法，识记其他生字。学生在自主学习的过程中，充分发挥出个人的识字潜能和创造力。

在教学中，教师要深入理解教材的编写意图，开阔教学视野，整合学生生活中的课程

资源，把识字与生活联系起来，与阅读联系起来，为学生创设生动活泼的生活场景，让他们在愉悦的识字空间中调动自己的生活积累，学会运用各种途径和方法主动识字，准确用字。

三、写字教学的策略

要重视对学生写字姿势的指导，要引导学生掌握基本的书写技能，养成良好的写字习惯，扎扎实实地抓姿势、抓习惯、抓技能，是写好字的关键。

（一）指导学生形成正确的写字姿势

低年级是形成正确的写字姿势和良好的写字习惯的关键期，正确的写字姿势，不仅有利于书写的质量，也有利于学生身体的健康发育。教师应该重视对学生写字前的准备工作的指导，正确的写字姿势包括正确的执笔方法和正确的坐的姿势。以往要求写字要做到一拳、一尺、一寸，后有实验认为"三个一"不够科学，正确的写字姿势应该是眼离书本距离15～20厘米，指尖到笔尖距离1.5～2厘米，胸离桌面大体一拳。在教学中，做到以端正平稳，自然舒展、不紧张、不局促为宜。

根据低年级学生的年龄特点，教师在指导学生形成正确的写字姿势时，适当地采用直观形象的方法，如图片展示法。由于低年级的学生对语言的理解感知能力相对较弱，因此让学生通过图片，直观地比较正确的书写姿势和不正确的书写姿势，或借图片告知学生书写及保管文具的过程，可以收到很好的效果。此外，还可以用行为示范的方式。学生的模仿能力很强，教师的书写姿势对学生来说是最好的示范，也可以让写字姿势良好的学生示范，让学生间相互影响。

（二）掌握规范的书写技能

写字教学的核心内容是培养学生的汉字书写能力，要求能够用硬笔和毛笔书写楷书，并达到规范、端正、整洁和美观，并且有一定速度的书写要求。掌握规范的书写技能，是保证写字质量的关键，也是写字教学的核心内容。书写技能包括正确掌握写硬笔字和毛笔字的执笔方法和运笔方法；掌握汉字的基本笔画和常用的偏旁部首，准确地把握笔顺规则和字的间架结构；熟练掌握田字格和米字格练习，描红、仿影和临帖练习，正楷和行楷练习等汉字书写的练习方式。在教学中，教师要采用各种方法和手段，帮助学生形成规范的书写技能。例如，有的教师在指导学生学写"十""木""禾"这三个字时，抓住这三个字的字形关联性，采用讲解、书空和范写等方式。首先，让学生掌握"横""竖""撇"

"捺"这四种笔画的起笔、运笔和收笔的书写技巧。然后，让学生牢记"先横后竖，先撇后捺"的笔顺规则，并书空笔顺。最后，在田字格中，指导学生掌握"十""木""禾"的间架结构。学生在了解了基本的写字要领之后，开始规范练习整字书写。整个教学以学生的书写训练为主，在训练过程中，辅以写字要领的知识指导和行为示范。写字训练循序渐进，写字指导扎实到位。

（三）引导学生掌握基本的写字要领

知识是形成技能的基础。教师应该结合识字教学，讲清汉字的基本知识，让学生掌握笔画技巧、笔顺技巧和间架结构技巧，了解每个字各组成部分的位置及比例关系，然后，教师要借助行为示范，让学生模仿学习基本的书写技巧。教师的示范具有直观性和表象性，容易在学生头脑中形成可参照的形象。有研究表明，教师正确的写字动作技能的演示，有助于学生书写技能的形成，特别是运笔的过程往往很难用语言道清其中的微妙，教师采用局部特写的方法进行分解示范，学生可以清楚、直观地感受书写的过程，进而模仿学习，然后再依靠训练，让学生形成扎实的写字基本功。

书写，是人的大脑、手臂、手腕和手指联合协调的活动。书写技能的形成，离不开自身的实践训练。可以结合识字教学，指导学生做书写练习，书写是帮助学生巩固识字、学习写字的有效手段。在教学中，要求学生按照生字的笔顺，唱读笔画名称，并用食指在空中模拟书写，然后读出字音，说出字义。这样既可以使生字的形、音、义紧密结合起来，又可以使学生的口、耳、眼、手协调活动，有助于其集中注意力。

（四）帮助学生养成良好的写字习惯

良好的写字习惯，是学生写好字的基本保障。习惯的形成，是一个长期坚持的过程，需要从严、从实、从点滴抓起。良好的写字习惯，除了保持正确的执笔习惯和正确的写字姿势外，还包括正确的书写习惯，要有"提笔即练"的意识。这要求教师在日常的教学中，不仅要训练学生扎实的书写技能，还要时时巡视，时时提醒，及时发现和纠正，不断强化和巩固。此外，还可以制定合理、有效的监督评价机制，并让其他科任教师、家长和学生共同参与监督，齐抓共管，真正做到"提笔就是练字时"，为写好规范汉字扎根固本。

第二节 语文阅读与写作教学

一、语文阅读教学

阅读的功能可以理解为：阅读搜集处理信息、认识世界、发展思维、获得审美体验的重要途径。阅读对于学生语文素养的形成和发展，有着十分重要的作用。

（一）阅读教学的基本理念

阅读教学是以培养学生阅读能力为核心目标的一种教学活动，是中小学语文教育的重要组成部分。阅读教学是构建学生语文能力的重要基础，是教会学生感知、理解、吸收和表达信息的重要途径，所以阅读教学一直是语文教育最重要的内容。

1. 注重文本语言的品味

语文教学要引导学生探究文本的内容和作者的思想感情等。但文本的内容和作者的情感，都是借助语言来表现的。因而，在探究内容和情感的同时，必须咀嚼和推敲语言，品味语言，让学生由此获得独特的体验。

语文教学的根本任务就是引导学生学习语言，指导学生掌握语言的技巧，发展学生的语言表达能力。语言学习的重点就是感受语言、揣摩语言和品味语言。因此，以课文为载体进行语言学习的阅读教学，应该给学生充分感受语言的时间和空间，让学生在感受中去积累，在积累中去领悟，在领悟后去运用。教师必须重视引导学生在一定的语境中理解词语、品评词语和感悟语言的魅力，揣摩文章的表达顺序，领悟文章的表达方式，并引导学生透过语言文字的表层去体会语文的人文精神、理解语言文字中蕴含的人文特征等。尤其是抓住具有张力的字、词、句，深刻领悟其中的丰富内涵，这样既有助于学生对语言的理解和积累，使学生形成良好的语感，提高学生对语言的敏感度，又有助于学生的思维训练，培养良好的阅读习惯和方法。

2. 重视对文本的整体把握

在阅读教学过程中，学生面对的每篇课文都以其独特的异质成为各自独立的个体，它是完整而不可分割的。因此，课文是由知识、思维、情感和审美等各方面教育内容组成的综合体。而这个方面的教育内容，体现在每篇文章的字、词、句、段中。字、词、句、段都可以是不同层面的整体，同时又是文章的组成部分。阅读必须以整体把握文本的内容为前提，对文本的基本内容、情感和立意方面，应该先有整体的印象。在这个前提之下，才谈得上让学生理清作者的思路，概括课文的要点，理解作者的思想、观点和感情。阅读教学必须尊重阅读规律，尊重文本的整体性，重视文本的结构效应，重视对文本的整体把握。阅读教学过程应通过对文本不同层面的分析与理解，达到整体把握文本的目标。

在阅读教学的过程中，教师应指导学生先通读全文。经过思索，对文章有了整体感受后，再深入分析，理清各部分内容之间的联系。具体内容，主要包括理解文章标题、提取基本要素、概括主要内容、归纳中心思想和理清思路、线索、层次、结构等。教师应避免让学生对课文的理解仅停留于文章的部分内容和对语言的把握上，而缺乏对课文的整体把握和深层领悟的教学方式的做法，这样才不至于让学生对文本的把握"只见树木，不见森林"。

整体把握文本，还要求学生在阅读作品时，做到"知人论世"，关注作品背后的知识。尤其是对于文学作品来说，作家本人的生活思想与时代背景有着极为密切的关系，因而只有知其人、论其世，即了解作者的生活思想和写作的时代背景，才能客观、正确地理解和把握文学作品的思想内容。对作品创作的时代背景和作者经历了解得越透彻，对作品的感悟就越深入。教师若简明扼要地介绍作者创作的时代背景，对学生理解作品的思想感情将会很有帮助。

3. 关注阅读教学中的多种对话关系

现代对话理论认为，作者与读者的关系，就其本质而言，体现了人与人之间的精神联系，阅读行为也就意味着在人与人之间确立了一种对话和交流的关系。这种对话和交流是双向、互动、互为依存条件的，阅读因此成为思维碰撞和心灵交流的动态过程。读者的阅读，尤其是阅读文学作品的过程，正是一种共同参与，以至共同创造的过程。所以，读者绝对不是消极被动的，读者也是文学活动的主体。

作为阅读教学过程的学习者和施教者，教师和学生又都同是文本的阅读者，这样就形成了"学生—文本—作者"之间的对话和"教师—文本—作者"之间的对话。在阅读中，教师与学生产生的主体感受是不同的。不同的学生阅读相同的文章，所得的信息也是不同的。阅读教学是一种教学行为，具有师生双方互动的特点。教师与学生之间不是一种灌输与被灌输的关系，而是一种平等多向交流的关系。在这个过程中，教师与学生面对作品平等交流、积极探讨，心灵的交流和智慧的碰撞可能迸发出灵感的火花。此外，文本编入教材，有编者的编辑意图。在教师和学生阅读教材中的文本时，要理解感受编者的思想和编辑意图，实际上也就形成了"教师—文本—编者"的对话关系和"学生—文本—编者"

的对话关系。

阅读教学过程的多重对话关系，要求在语文阅读教学过程中，强调教师和学生的自主性和独立性。重视学生在阅读过程中的自行发现和自行构建，鼓励学生对阅读内容做出有个性的反应，重视师生之间和生生之间的沟通交流。

阅读教学过程的多重对话关系，要求师生角色和教师作用的定位要准确。教师是课堂阅读活动的组织者、学生阅读的促进者，也是阅读中的对话者。一般来说，教师作为文本与学生的中介，他的思想深度、文化水准、人生经验和审美水平都要高于学生，他可以起到向导的作用，但绝对不能取代学生在阅读中的主体地位。过去流行一种"谈话法"教学，是先由教师预设好结论，然后千方百计地引导学生猜测，有人戏称，这是"请君入瓮"。这其实仍是一方强行灌输、一方消极接受的方式，与阅读作为一种对话的本质是背道而驰的。此外，课堂阅读教学在一个集体中实施，与完全个人化的阅读毕竟不同，这里还有学生与学生之间的对话，因此营造良好的课堂氛围也十分重要。在一个刻板、呆滞的课堂氛围中，富有活力和创意的对话是难以实现的，轻松、活跃、和谐的环境气氛，当然有利于激活学生的思维和想象力。

（二）不同文体的阅读教学策略

1. 记叙文教学

记叙文是以记人叙事为主要内容，以叙述和描写为主要手法，兼用抒情、议论等表达方式，通过对具体、真实的人和事的叙述来反映生活，表达思想感情的一种文体。根据记叙文的特点，记叙文教学应着眼于对记叙文知识的随文讲解和记叙能力的训练，提高学生阅读和写作记叙文的能力。在教学过程中，渗透对学生的思想道德教育、情感教育和审美教育。记叙文教学的要点，包括以下五个方面的内容：

（1）把握记叙文的要素

记叙文以写人和记事为主要内容，以记叙和描写为主要表达方式，它的构成因素是时间、地点、事件（起因、经过、结果）和人物。在教学时，首先应该指导学生把握记叙文的基本要素。通过把握这些基本要素，先从总体把握事件的全貌。在记叙文的构成要素中，人和事是最基本的因素。就其关系来讲，时间和地点是人物和事件存在的形式，原因和结果是人物和事件发展的必然。因此，要理解记叙文的思想内容，发现包含在事件当中和人物身上的思想感情，就应当指导学生着重理解人和事件，理解作者对这些人和事的态度和情感。

在记叙文中，人物和事件往往是很难分开的。人物，都是在某个事件当中的人物；事件，必然和某个或某些具体的人物联系在一起，是人物经历的事件。事件是人物活动的轨迹，通过具体事件来反映人物的性格和精神，是记叙文写作的基本方法，而从分析事件中认识人物，则是记叙文教学中研究人物形象的基本途径。在比较复杂的事件中，往往要涉及许多人和事，要注意指导学生抓住有代表性的人和事进行认识。

研究记叙文的事件，不能对文章所写的事件及其各个阶段不加区别地对待，而要抓住重点，特别是具有典型意义的片段，进行了深入细致的分析思考。透过现象看本质，揭示出其深层的含义，以便概括出文章的主题对人物的认识，还应该研究记叙文表现人物的方法。对人物进行直接描写，是记叙文写人的主要手段，而通过环境描写等方式从侧面烘托人物的形象，也是记叙文表现人物的重要方法。从分析记叙文对人物的直接或间接描写中，认识记叙文的人物，是记叙文教学中研究人物形象的又一主要途径。

（2）弄清记叙文中材料的选择

在记叙文中，作者根据文章表达的需要，需要对占有的材料进行严格的筛选，对记叙的内容做出精心的安排，使其详略得当，点面结合，主次分明。在教学中，要分析材料和主题的关系，帮助学生领会作者围绕中心选择和组织材料的匠心，使学生懂得如何选择感情的聚焦点来反映生活，表达感情。

（3）分析记叙文的结构

对记叙文结构的分析，主要体现在研究全文各个段落之间的联系及其对表达主题的作用上。探究记叙文的结构，要从把握记叙的线索，理解文章的开头、过渡和照应的作用两个方面入手。因为如果抓住了统领全文的线索，文章材料之间的关系就明朗了，文章的层次也就清楚了；只有理解了文章的开头、结尾、过渡和照应，才能够把握文章的内部联系，更好地理解文章内容。有些文章的段落或内容之间的照应关系，是用较为含蓄的句子或词语来表达的，对于这样的句子或词语，在教学时，应引导学生用心揣摩、细心体味，这样才能加深对文章的理解和感受。

（4）分析记叙文的表达方式

记叙文的主要表达方式是叙述和描写，为了表达的需要，议论和抒情也是经常用到的表达方式。记叙文中的叙述和描写，往往是相辅相成的。记叙用以交代生活事件，描写用以形象生动地再现生活画面。记叙文中的议论和抒情，一般在记叙文中所占篇幅不大，却是记叙描写的重要辅助手段。一是能够突出事件的本质意义和人物性格的典型意义，渲染和深化文章主题，增强文章的艺术感染力。二是能够将发生在不同时间和空间，不同人物身上的事件联系起来，反映共同的主题。在教学时，要引导学生结合具体语境，明确综合运用多种表达方式的具体表达作用，引导学生体会在叙述描写中渗透的作者的感情，使学生在情景交融的内容学习中受到熏陶感染，提升人生境界。

（5）学习记叙文的语言

记叙文多从现实生活中选取材料，较之文学作品，更多写的是真人真事。因而，记叙文的语言以朴素无华为主要特征，同时又具有丰富多彩的特点。在语言上，讲究准确、鲜明、生动和形象。在教学时，引导学生品味作者在遣词造句上的特色，揣摩语言的丰富内涵，对丰富学生的语言积累、培养语感、深刻理解文章的思想内容，都有重要作用。学习记叙文的语言，尤其是要抓住关键字和词句，引导学生深入领悟，因为这些语句对于理解事件的本质和人物形象往往能起到比较关键的作用。

2. 说明文教学

说明文是以解说事物、阐明事理为基本内容，以说明为主要表达方式的一种文体，它以向人们介绍知识为目的。与其他文体相比，知识性和客观性是其最显著的特点，作者的主观成分和感情因素的渗透相对较少。说明文教学要使学生了解说明文的内容表述和结构等，培养学生热爱科学、勇于探索的精神。说明文教学的要点，包括以下四个方面的内容。

（1）明确说明对象的特征

说明文说明事物或阐明事理，最重要的是抓住说明对象的特征，并将它用恰当的方式和方法表述出来。只有准确、清楚地显示出对象的本质特征，才能使读者了解对象，留下深刻的印象。引导学生明确说明文说明对象的特征，也就成了说明文教学中必不可少的环节。在此基础上，一方面，指导学生通过明确事物的特征来把握说明文的主要内容；另一方面，让学生懂得自己在观察事物或表现事物时，应该善于抓住事物的特征。

（2）弄清说明的顺序

说明文要将事物或事理说明清楚，首先得考虑如何安排合理的说明顺序。说明的顺序，是根据事物的内部规律以及人们认识事物的过程来安排的。教学要指导学生了解说明顺序，有助于学生理清文章脉络和对被说明对象的理解把握，对学生的思维训练也是很有益的。

说明的顺序主要有三种。一是时间顺序。记叙性的说明文，往往采用这种说明顺序。二是空间顺序。介绍建筑物等各种具体物品的说明文，大多依照这种顺序。三是逻辑顺序。阐释性的说明文，基本上就采用这种说明顺序。需要指出的是，由于说明对象的复杂性，一篇说明文用一种说明顺序，往往难以将它的特征说明清楚，所以大多数说明文都用了不止一种说明顺序。这样在教学时，既要指导学生弄清课文的总体说明顺序，又要抓住比较突出的局部说明顺序，使学生真正把握文章的结构，正确认识所要说明的事物。

（3）分析说明的方法

说明文为了揭示对象的特征，或者把事理阐述清楚，达到说明的目的，要采取具体的说明方法。对说明方法的学习，是说明文教学的重要内容。

说明文说明事物的方法有很多，常见的说明方法有举例子、分类别、列数字、做比较、下定义、打比方、列图表、做诠释等。在说明同一事物时，作者往往会使用多种说明方法。在教学中，一方面，教师应引导学生充分认识作者使用的说明方法的合理性，把握事物的特征，学会准确说明事物；另一方面，要区分主次，抓住最突出、最能体现课文特点的要点，做具体、深入的分析，使学生真正掌握，不能面面俱到地平均对待。还需要特别注意的是，方法是为内容服务的。在引导学生分析、理解说明方法时，一定要注意将方法与内容联系起来做分析，即在紧扣被说明事物的特征、理清课文层次内容的基础上，分析说明的方法。这样有助于学生理解和记忆，也容易模仿。离开课文的层次内容，空讲说明方法，听起来枯燥无味，也不利于说明文的读写训练。

（4）体会说明文的语言特色

说明文的写作目的是为了让人了解事物，明白事理，增长知识，因此说明文的语言必须准确，才能保证严谨的科学性。说明文介绍说明的对象，常常有很强的专业性。要使一般的读者接受，使用的语言必须通俗易懂。准确、通俗，是说明文语言最基本的特点。在教学说明文时，要启发学生体会文章的语言特点，学会准确使用词语。同时，还应使学生明白，说明文在准确、通俗的前提下，为了增加文章的可读性和趣味性，也由于说明对象和作者语言风格的不同，说明的语言可呈多样性，不必拘于一格。

3. 议论文教学

议论文是以论辩说理为基本内容，以议论为主要表达方式的一种实用文体。它通过论证材料，借助一定的论证方法，展开论证，并运用概念、判断和推理的逻辑形式，来表达作者的思想观点和主张。论点、论据和论证，是议论文的三要素。议论文的教学的目的和内容在于着重关注议论文思想的深刻性、观点的科学性、逻辑的严密性和语言的准确性。引导学生区别观点与材料，把握观点与材料之间的联系，学习并运用有关的议论文文体的读写知识和方法，培养和发展学生议论说理的能力和逻辑思维能力。议论文教学的要点，包括以下四个方面的内容：

（1）抓住中心论点

论点是作者对所论述的问题所持的见解和主张。文章的各部分，都围绕着文章的中心论点组织论据，进行论证。因此，它是议论文的灵魂。抓住中心论点，是理解一篇文章的关键。议论文教学，首先要引导学生找出文章的中心论点。有的文章题目本身就是中心论点，有的文章一开头就点明论点，有的文章末尾归纳出论点，还有的文章将论坛隐含在全文的论述之中。了解了议论文提出论点的这些规律，教学中就可以指导学生去分析、寻找或归纳。在明确文章观点主张的基础上，引导学生通过自己的思考，深入领会文章思想的深刻性和观点的科学性，并鼓励学生联系生活实际做出判断。有的议论文围绕中心论点提出几个分论点，用分论点来补充、扩展或证明中心论点。在教学时，应引导学生找出文章中的论点，再研究它们之间的逻辑关系，分清主从关系，把握中心论点。

（2）明确论据

论据是用来证明论点的理由和根据。论据充分、可靠，它所支撑的论点才令人信服。因此，要准确把握论点，必须分析研究论据。分析研究论据的主要工作包括：明确论据自身的意义；分清论据的种类，"摆事实，讲道理"，论据分为事实论据和理论论据两种类型；理解论据与论点之间的关系，即证明与被证明的关系。

（3）分析论证的过程和方法

议论文的论证过程，就是以论据证明论点的过程。简单地说，就是摆事实、讲道理。议论文只有经过论证，才能使论点和论据之间建立逻辑联系，才能使文章言之成理，也才能使读者接受作者所阐述的观点和主张。议论文教学，应教会学生辨析论点和论据的关系，从而认识文章论证的逻辑过程，加深对文章的理解。同时，也是对学生思维训练的途径和方式。从教学实际看，认识议论文的论证过程，常常是教学的难点，因为论证是材料和观点相统一的过程，是运用论据证明论点的逻辑推理过程，也是作者写作技巧的运用所在。它不像论点、论据那么具体，它比较抽象、复杂。要解决这个教学难点，就要求教师深入钻研教材，采取多种方式进行诱导和启发，以帮助学生很好地理解和掌握。

议论文的论证方法就是用论据证明论点的方法。论证方法多种多样，常见的有举例论证、比喻论证、对比论证、类比论证、引申论证、因果论证等。在议论文中，论证方法不像论点和论据那样表现在字面上，而是隐含在论证过程中，相对来说比较抽象。在教学时，要结合课文的具体内容来明确论证法，使学生易懂好记，掌握一些常用的论证方法，不能对学生进行抽象的概念灌输。还应注意的是，一篇议论文，为了充分透彻地论证观点，往往会使用多种论证方法。在教学时，应根据课文特点和学生实际，指导学生重点掌握一两种主要的论证方法，切忌面面俱到。

（4）学习论证的结构和语言

在把握议论文三要素的同时，还要注意文章是如何将这些要素组合起来的，用怎样的语言表达观点和材料展开论证的。议论文的结构最基本的是由三部分组成，即引论、本论和结论。这三部分从形式上表现为开头、正文和结尾；从论述的角度看，就是提出问题、分析问题和解决问题。议论文的结构类型可以分为两大类，即纵式和横式。纵式，即逐层深入的论述结构；横式，即并列展开的论述结构。由这两类结构派生出一些结构形式，如横式的有"总—分—总"式、"总—分"式和"分—总"式，纵式的有"层层深入"式。分析议论文的结构，首先要弄明白各段落层次间的内在联系。各层次的联系是多种多样的，如并列式、递进式和对比式等。还要注意文章中起过渡作用的段落和词语，可以借此分析文章的结构关系。需要明确的是，在教学中对指导学生学习议论文的结构，重点应该是分析本论的层次结构。

和其他文体相比，由于议论文不需要对事物进行直观的说明和形象的描绘，所以议论文的语言具有简明、准确、概括性强、逻辑性强等特点。尤其是经常使用关联词语，运用各种复句来进行严密的逻辑推理，以此表达作者准确的概念、明朗的态度和鲜明的观点，达到以理服人的效果。议论文语言的特点需要在教学中联系课文实际，有重点地进行分析，帮助学生认真体会和揣摩，以提高学生对议论文语言的感受能力和运用能力。

由于论述和说理的需要，议论文有时还要用说明、记叙、描写和抒情的表达方式。对此，议论文教学除了引导学生学习论证说理之外，还应该引导学生注意其他表达方式的运用。一方面，要学生了解它们和其他文体使用时的区别；另一方面，要体会它们在议论文中的表达作用及其对议论文论辩特色的影响。

4. 应用文教学

应用文是应用在人们的学习、工作和日常生活中，用来解决实际问题的有固定惯用格式的一类文体。应用文的显著特点是文字简明，款式固定。对于阅读者来说，应用文是一看就懂。从中小学的培养目标来看，应用文教学的重点在于使学生了解常见的写作格式和要求，训练学生应用文的写作能力。应用文教学的要点，包括以下三个方面的内容。

（1）掌握常用应用文的格式

应用文的格式，在人们的长期使用中固定了下来，一般不可随意改变。如果不按照已形成的惯用格式去写，就会影响其实用功能的发挥，甚至使读者产生误解。应用文种类繁多，对于常用应用文的教学，应主要借助文本示例来了解其功用和基本格式。以学生的语文实践为主，使学生熟练地掌握几种应用文的基本格式，以使其在读写应用文时，能准确地抓住内容，实现应用文的价值。

（2）掌握应用文的语言要求

平实、简明、得体，是对应用文写作语言的要求。应用文是用来联系工作反映情况、解决问题的，人们阅读应用文一般不包含欣赏的因素，只要求能准确、通顺地把要说的意思写清楚。因此，文字以简洁明了、让对方看懂为原则。应用文一般都有特定的发出者和接受者，这两者之间往往形成特定的关系，这就要求语言的运用要和它所要达到的目的、所应用的场合相适应，还要适合读者的接受心理，这些决定了应用文的语言要非常得体。在应用文教学中，一定要通过例文的学习和写作训练，使学生掌握应用文的语言要求，尤其应将如何得体表达作为教学的重点。

（3）学会从应用文中搜集和整理信息

真实性，是应用文写作的原则。有些应用文的产生是以掌握真实材料为前提的，如计划、总结、调查报告、新闻报道、合同、诉状等。在教学时，可以引导学生从不同的角度，结合自己的需要，提炼不同的信息。可以借助例文，教给学生收集材料，并对材料进行分析、归纳和分类等，使其条理化的方法，这对学生是终身受用的。

5. 诗歌教学

诗歌是用凝练、形象、富有节奏感和音乐美的语言，创造意境，高度集中地反映生活，抒发作者强烈的思想感情的一种文学样式。通过诗歌教学，使学生了解诗歌的一般特点，学习诗歌的基础知识，学习阅读鉴赏诗歌的基本方法，提高阅读和欣赏诗歌的能力，提高文学修养。发展学生的联想和想象等形象思维能力，陶冶学生的情操，培养学生健康高尚的审美情趣。诗歌教学的要点，包括以下四个方面的内容。

（1）领会意境，体会感情

一般认为，意境就是诗人要表达的思想感情与诗中描绘的生活图景，有机融合形成的一种耐人寻味的艺术境界。分析诗歌的意境，要引导学生通过诗人描绘的生活图景，发挥学生的联想和想象，去丰富和补充诗歌的画面，以感受诗人的感情，从而把握诗歌的感情和艺术特色，认识诗歌的审美价值。

（2）品味语言，分析形象

诗歌以精练、含蓄、富有节奏感和音乐美的语言，表现鲜明的形象和深远的意境。诗歌教学要通过品味语言，启发想象，展开画面，分析形象，揣摩意境。一是反复诵读，加深领悟。在诗歌教学中，自始至终要突出朗读教学。在朗读中，让学生感受并欣赏诗歌的鲜明的节奏和音乐韵律。在朗读中，把握形象，进入意境。二是抓住"诗眼"和关键词语，推敲品味。好的诗往往"因一字而尽传精神""着一字而境界全出"。诗歌教学要在这"一字"上进行点拨，启发学生认真思考和体味用词的精妙，并展开诗歌的意境，使学生进入到诗歌表达的感情艺术境界中去，和诗人的感情产生共鸣，使诗中的意象具体化、形象化。须注意的是，教师在引导学生抓关键、抓诗眼的过程中，不能将对诗歌的字、词、句的理解与诗歌整体割裂开来进行，应引导学生从诗歌整体出发，在具体的语境中理解字、词、句。

（3）分析艺术构思和表现手法

诗歌的构思讲究精、巧、新，往往采用借景抒怀、托物言志等多种表现手法，通过典型景物，具体鲜明的形象，抒发感情，表现主题。在教学中，教师要引导学生分析诗人是如何描写人、事、物、景的，寄予了怎样的感情，从而领会诗人要表达的主题。诗歌创作运用了形象思维，为了达到形象鲜明、新颖、独特的表达效果，诗歌常用比兴、夸张、拟人、对偶、反复、对比等修辞手法和烘托、象征等表现手法，来增强艺术感染力。在教学中，教师应该根据诗歌的具体写作特色，引导学生注意它们的表达作用，以此能更深入地理解诗歌的内涵。

（4）引导联读和仿写

联读是为了从教学的深度和广度出发，找到具有相同主题、相同题材的诗作，进行比较阅读。通过比较阅读，更好地理解诗歌的思想情感。联读是学习诗歌重要的方法，其目的主要在于扩展，在于拓宽学生的学习视野，在于给课文的阅读教学增加容量。仿写，是培养学生语文实践能力的一个重要手段。仿写既能使学生充分感悟诗歌的语言奥妙，同时也能提高学生遣词造句的能力，提升学生的理解、联想、想象和思维能力。仿写可以仿写诗句，也可以仿写段落，可以将诗歌创作与诗歌朗诵结合起来。

6. 文言文教学

由于文言文教学的特殊性，所以教学中除了运用语文教学中常用的一些方法外，文言文教学要充分运用诵读法、比较法、归类法和串讲法等。

（1）诵读法

诵读法，即熟读和背诵的方法，它是文言文教学中最常用的方法。使用诵读的方法，让学生对文质兼美的古代诗文熟读成诵。在读的过程中，去感知、理解和品味。这样不仅可以在头脑里储存一些文言信息，丰富学生对古汉语的感性认识，增加词汇和句式的积累，使其内化成自己的语言，形成良好的语感，而且在取得丰富的感性认知的基础上，可以促使学生理解词句的含义，掌握文言文遣词造句的规律，从而有效提高文言文的阅读能力。事实表明，文言文教学仅靠教师讲解是不能让学生完全领会古文的神韵、精髓和风格的，必须通过学生自己反复诵读，才能心领神会，并应用自如。诵读，一定要读出文章或作品中固有的语气、语调和节奏，表达出文章或作品的情绪、气氛和感情。要把诵读的过程变成对文章或作品深入理解的过程，要把读与其他基础训练紧密结合起来。

（2）比较法

在课堂教学中，为了使学生更好地掌握一些文言实词和虚词，掌握一些文言常用的特殊句式，了解古代历史和文化知识，消除文言文阅读的语言障碍和时代障碍，教师要常引导学生采用联系比较的方法。比较的方法主要有两种。一是古今比较。学习古汉语的字、词、句，引导学生进行古今对照，找出古今语言的联系与区别，从而认识古汉语的特殊规律，这样利于理解，且印象深刻，有助于记忆。比较的内容和方法是多种多样的。二是前后联系。把前面学过的知识与后面学的知识联系起来，一方面使学生能够巩固记忆；另一方面使学生能够温故知新，举一反三，扩大积累，增强阅读理解文言文作品的能力。随时进行比较，不仅能促使学生理解新知识，而且能扩充知识。

（3）归类法

在文言文教学过程中，及时引导学生做好各种文言文知识的归纳整理工作，促使学生文言文知识条理化和系统化，并由此产生领悟和联想，内化和迁移，触类旁通，提高学生的自学、自读能力。根据文言文教学的内容，常从以下五个方面进行归纳。一是虚词用法归纳。在文言文中，虚词虽然数量少，但使用频率高，用法灵活，往往一个字有好几种用法，好几种解释，甚至分属好几类词。因此，文言文教学要认真抓好虚词教学，教师应当计划好一篇课文、一个学期重点学习哪些虚词，对重点学习的虚词注重引导归纳总结。这样使学生既学得扎实，又学得轻松。二是近义实词对照。注意收集一些近义文言实词，比较其细微的差别，有利于对词语的掌握和对文章的理解。三是一词多义的归纳。经常有意识地进行一词多义的归纳，有助于顺利扫除文言词汇教学中的障碍。四是不同句型的归纳。就是把文言文中常见的判断句、省略句、倒装句和被动句等不同句式列出来，便于比较、理解和掌握。五是通假字、古今字汇编。可以单元、学期为单位，逐步积累，把课文中出现的通假字和古今字汇编起来，列成一览表，使学生加深记忆，并从中受到启发，举一反三。在教学中，比较法和归纳法，常常是同时并用的。

（4）串讲法

串讲法是我国语文教学的传统方法，一般分为三步进行，即"读—讲—串"。读，要求学生结合注释，粗读课文，在此基础上，朗读全文或要串讲的语段。讲，对串讲的语段，尤其是对学生不理解或不甚理解的词语的含义和用法的字、词，逐个进行讲解。串，把整个语段的意思贯通起来，翻译整个语段，指出与上下文的关系及在篇中的作用。这种教法的优点在于疏通字句，字、词、句落实能帮助学生理解文义。但其缺点在于把学生置于被动地位，不利于学生学习积极性和主动性的发挥。为保持优势，克服不足，可将传统的串讲同讨论、提问等方法结合起来，充分调动学生的学习积极性和主动性。

二、语文写作教学

(一) 写作与写作教学的性质

从根本上说，写作是一种个体化的活动。生命个体面对宇宙、人生和短暂生命，会主动去体验、思考和感悟，写作正是这种心灵历险的写照。作为生命个体，想弄清楚生命究竟是什么，对宇宙、社会和人生充满向往和憧憬以及好奇、迷茫、激情和恐惧等。写作过程是一个活生生的个体，在写自己对生命的感悟和对人生、社会的思考，真切地表达内心所想。在这个过程中，也希望别人来分享其所思所想，从而听取别人意见，以这种方式进行着生命与情感的交流。所以，写作的第一生命力，就是写真情实感，否则就失去了写作本源上的意义。

要进一步明确写作的性质，还可以从个体写作的心理过程去进一步思考。从这个角度说，写作实质上是一个双重转化的过程。第一重转化是从"物"到"意"的转化。"物"就是社会现实生活，"意"就是作者的写作意识，这种转化就是从作者生活到作者写作意识的转化。学生写作也是同样的，他们也是在观察体验生活中不断思考，在自觉或不自觉中进行了积累，这从写作层面上说是素材的积累。当这些积累以意识的形式积淀下来时，就完成了这一转化。当然，在写作过程中，这些素材并不直接搬进文中，而是要经过思考和加工提炼的过程。第二重转化是"意"到"文"的转化。经过第一重转化，作者已经有了大量的以社会现实生活为原型的心理积淀。当作者有了写作意图之后，心理积淀在这个阶段转化为写作材料，作者进一步筛选处理这些写作材料，进行谋局布篇，然后将写作意图转化为书面文字，使之成文，这是将作者的观念情感外化的过程。

写作过程，从信息论的角度看，实际上是一个信息转化的过程。素材的积累，是一个信息输入的过程，输入的信息在大脑中不断地存贮，然后经过大脑的加工处理，进行编码，最后以文字的形式输出。这整个过程完全符合信息论中信息的转化过程，即从信息输入、存贮、加工和编码到输出的一个完整过程。所以，不论从本源上，还是从写作心理上，或是从写作过程的信息输出上，写作都是作者真情实感的写照。

从教师教的角度来说，中小学的写作教学是培养学生的写作兴趣，养成良好写作习惯，使学生形成写作素养的过程。从学生的学的角度来说，写作是学习运用语言文字表情达意，反映社会、体验生活的活动过程。写作教学是教学生综合性地融合知识与能力、学识与人格、阅历与智慧于一体的教育教学活动。

（二）写作教学的理念

写作教学要在继承传统的写作教学经验的基础上，广泛吸收当代的写作教学思想，遵循写作教学的基本理念。

1. 引导学生体验生活，广泛阅读

生活的体验，是写作源源不断的动力和源泉。学生的生活越丰富，体验越深刻，写作的基础也就越扎实。要不断地丰富学生的生活，以此强化学生的直接情感体验。要引导学生将目光投向身边的人和事，通过细致的观察，深入的思考，以此积累写作最丰富、最原始、最有生命力的第一手素材。此外，要拓宽学生的阅读视野。直接的生活阅历毕竟是有限的，要让学生在阅读中，汲取养料，丰富写作素材。鼓励学生开展课外阅读，有意识地引导学生扩大阅读的面，指导学生课外阅读的方法，经常性地组织学生开展各种阅读交流活动，深化学生对阅读的理解，使学生在阅读中感悟生活、体验人生。

2. 培养学生的写作兴趣和习惯

同其他一切兴趣一样，写作兴趣不是天生的，而是在后天的写作实践中不断形成和发展起来的。它是在对写作"需要"的基础上产生的。这种需要可以是学生对生活、社会理解的直接写作需要，也可以是社会的间接写作需要转化为学生的写作兴趣。

语文教师培养学生的写作兴趣，可以从以下三个方面着手：第一，丰富学生的写作知识，充实学生的写作内容。获得有关写作的知识经验，是学生对写作产生兴趣的基本条件。但是这些知识经验，不是空洞的内容，要让学生觉得写作是丰富多彩的活动，使学生体验到写作带来的愉悦。第二，加强师生交流，促进情感融合。兴趣是带有情感的个性意识倾向性。激发写作兴趣还得借助情感的作用，语文教师要善于营造融洽的师生关系，用充满情感的语言打动学生，增强学生对写作的情感体验。第三，运用多种有效的写作教学方法和教学手段。语文教师要善于改进写作教学的方法和手段，培养学生的写作兴趣。根据学生的年龄特点，有针对性地运用不同的写作教学方法，使学生在写作的过程中，体验到自己的成长、写作能力的不断提升。

良好的写作习惯，对学生的发展影响深远。习惯是经过练习养成的某种自动化的行为活动，是一种心理意识上的倾向性和惯性，是自我能动性的自觉体现。写作习惯，是中小学生写作素养的重要组成部分。

学生良好的写作习惯，是在长期写作过程中逐渐形成的。写作教学要注重培养学生观察、积累、审题、构思、选材、立意、表达、书写和修改习惯等，写作教学过程的每一个

环节，都是一个习惯养成的过程。写作习惯的培养，要目标明确，注意克服不良习惯，反复实践，加强督促检查。良好的写作习惯一旦养成，学生就不需要意志力和外在监督，从而形成一种心理惯性。中小学生处于写作起步阶段，良好的写作习惯可以为学生打下扎实的写作基础。良好写作习惯的养成，需要从小学到中学的持之以恒，需要从课堂到课外的始终如一。可以说，良好的写作习惯对写作能力的形成，具有决定性的作用。

3. 培养学生的写作思维能力

思维能力是概括和间接地认识事物本质规律的能力，是写作能力的重要显现。叶圣陶老先生曾主张学生作文要"先想清楚，然后再写"。他强调指出的就是写作时要先"想"，即要先思考，再动笔，非常注重思维的训练。中小学生的思维能力发展特点是非常显著的，从小学到中学，学生思维的广阔性和深刻性、独立性和批判性、敏捷性和灵活性等思维品质快速发展，尤其是思维的独立性和批判性发展更为显著，学生逐渐学会独立思考，抽象思维能力迅速发展，思维的品质不断得到提升。

写作教学要注重对学生思维的敏捷性、广阔性、灵活性、深刻性、创造性和批判性等特征的培养。首先，加强思维方法的训练。培养良好的思维品质，使学生做到全面地而不是片面地看问题，根本地而不是表面地看问题。其次，加强对学生进行语言的训练。学生的思维发展总是和语言分不开的，学生掌握大量的词汇和言语运用规则，并能准确、灵活地使用口头与书面语言表达思想感情，可以使思维活动清晰、系统和有条理性。再次，既要发展求同思维，也要多发展求异思维，限制心理定式的消极作用，培养学生多角度思维的习惯等。最后，要注重培养学生解决实际问题的思维品质。社会实践活动是思维发展的源泉。

（三）写作教学的方法

1. 命题作文

命题作文一般是教师出题，学生写作文。它是一种传统的写作训练方式，具有体现写作训练的意图和目标，使学生能有计划地严格训练。其弊端也很明显，不易写出真情实感，不易写出具体充实的内容。例如，命题不当，容易使学生无话可说，出现闭门造车的现象，或是写出假话、空话的作文。

因此，在进行命题作文时，教师要注意到学生的心理特征、生活实际和写作实际，注意题目的启发性和新颖性，不要因为命题抑制了学生的写作思维。此外，命题作文训练要注意写作教学的序列性。序列性包含两个方面：一是要和阅读教学相结合，做到相互促进；二是要注意写作教学自身的教学序列，要做到循序渐进，科学性与系统性相结合。

2. 给材料作文

给材料作文是由教师给学生提供一定形式和内容的材料，让学生根据这些材料按要求进行作文，这实际上是一种半命题性质的作文训练，也有人将它看成是命题作文的一种变式，它有比命题作文训练更为灵活的优点。所给材料作文可以多角度立意，有利于培养学生的创新思维。这类作文训练按照提供材料的种类，可以分为两类，即图像材料作文和材料作文。

（1）图像材料作文

图像材料作文可以是指提供图画，要求学生根据图画的内容进行描述，或评述，或展开想象；也可以是影视评述，要求根据提供的电影，撰写观后感或评论文章。图像材料作文训练，有利于培养学生的观察、分析、联想、想象以及语言表达等多种能力。图像材料作文要引导学生首先从整体上观察图像，获得对图像的全面认识，再从局部观察，进入图像细节。结合图像内外的文字说明，揭示图像要表达的主旨。要在理解图像的基础上，将图像中的现象和现实生活联系起来，展开各种联想和想象。

（2）文字材料作文

文字材料作文是提供给学生一定的文字材料，同时提出一定的写作要求，让学生依据材料，按要求进行写作训练。和图像材料作文一样，这类写作训练可以训练学生思维，相对于命题作文而言，更为开放。

3. 自由作文

自由作文是由学生自行拟定题目，自主作文的一种训练方式。可以说，自由作文是最符合写作本源意义的训练方式。这种作文训练方式，学生所受限制较少，学生可以较为自主地进行写作，可以触景生情，写人、记事，也可以针砭时弊等，避免了没有东西可写的矛盾，对于调动学生的写作积极性和写作兴趣，发挥学生的创作个性都能起到较好的效果。

自由作文由于要对自身生活中的写作素材进行选择，选择的过程也是对美好事物和对象的甄别过程，这有利于培养学生的审美情趣和审美能力，有利于深化学生对社会、生活的认识和理解。自由作文不容易形成写作训练体系，相比命题作文而言，其训练的目的性和计划性不够明显。自由作文主要形式有自由拟题作文、日记、笔记、稿件以及小创作等。总之，写作训练的各种方式都各有其特点。在写作训练过程中，要综合运用多种训练形式，整体把握，有效训练。

此外，还要注意以下三个方面：第一，写作训练可以先进行单项技能训练，将片段训练与综合训练相结合。例如，练习写人，可以单独练习写肖像外貌、动作、成长过程、对话、细节、场面、心理活动等。不要总让学生写整篇文章，特别是低年段的学生，可以"先分后合"的方式，让学生的写作训练从局部到整体循序渐进。第二，可以对写作全过程进行序列化的专项分解训练，观察事物、搜集资料、构思立意、编写提纲、选材剪裁、谋局布篇、修改文章等均要一一训练。第三，课堂写作训练要重质量，不应简单地求数量多，一篇文章应反复修改几遍，直到学生修改能达到的最佳水平才罢休。这比写几篇文章却又随随便便评改，训练效果要好许多。同一材料，要求写几篇立意不同的文章，或者同一对象，要求写不同体裁的文章，都是较好的训练方式。

第三节 口语交际与综合性学习教学

一、语文口语交际教学

口语交际教学是学生在教师的组织和指导下，通过具体交际情境的创设与口语交际活动的开展，规范口语表达、提高口语交际能力和提升交际素养的教学活动。口语交际能力是学生语文能力的重要体现，是现代公民必备的能力。从语言发生的角度来说，口语先于书面语，使用口语进行交际是人类最重要的交往活动。口语交际教学既是语文教学的一项基本内容，也是时代赋予语文教学的要求。我们应当充分认识到口语交际教学的重要性和迫切性，以切实可行的策略和方法，组织学生进行丰富多样的口语交际实践，形成良好的口语交际能力。

（一）口语交际教学的策略

教学策略的选择直接关系到每一类型口语交际教学的效果，每一类甚至每次口语交际教学过程主要从以下四个方面来运用其有效策略。

1. 确立话题策略

口语交际是基于一定的话题、以口头语言为载体，开展的交际双方互动的信息交流活动。教师要进行口语交际教学，首先要选择恰当的话题。话题的确立应考虑到其价值、难易程度等因素，话题的内涵应是多元的，形式应是开放、贴近现实生活的。在进行口语交际教学时，可以灵活选用教材中设计的口语交际话题，引导学生围绕话题进行专项训练。

教师也可以从教材的阅读、写作内容中，提取话题，进行延伸训练，拓展学生思维的广度和深度，巩固和提高阅读教学和写作教学的效果。同时，还可以跳出教材，直接从家庭、学校生活以及学生熟悉、感兴趣的社会热点中，选择话题，引导学生展开讨论，评析时事、针砭时弊，既有利于学生口语交际能力的提高，也有利于扩大学生的知识视野，全面提高语文素养。

2. 创设情境策略

口语交际是在特定的情境中产生的言语活动。在确立好话题后，就需要教师精心创设特定的交际情境。口语交际教学活动，主要应在具体的交际情境中进行。

教师要大胆创新，因时、因地、因人制宜，创设生动有趣、符合学生心理年龄特征的情境，让学生形成一种亲历感、现场感和对象感，自然而然地产生强烈的交流欲望和真正的情感体验。这种具体的交际情境，可以是真实发生在课堂的问题式、讨论式等交际情境，也可以是模拟真实生活的交际情境。创设的情境要力争人人参与，让每个学生都能得到锻炼的机会。

此外，创设情境的方式是多种多样的。第一，可以用生动的语言描绘情境。教师用富有感染力的语言，为学生创设生动的情境，能使他们积极主动地融入角色，找到情感共鸣点，产生情感回应，调动表现欲。第二，教师也可以在课堂上联系学生的日常生活和经验进行场景的布置，利用影像、录音机、多媒体、网络等各种现代化教学设备，创设具体直观的交际情境，使学生兴趣倍增，情绪高涨。第三，通过让学生进行角色表演，进入交际情境。爱表现是学生的天性，在真实的表演中，学生的情感能自然流露，交际的欲望十分强烈。因此，教师可以将课文内容改编成情景剧，将静态的口语交际内容变为以交际为目的动态内容，让学生边表演、边进行口语交际。第四，教师还可以在课堂中模拟家庭生活、社会生活等，再现真实情景，激发学生的好奇心和兴趣。

3. 多元互动策略

口语交际是听与说双方的互动过程。参与交际的人，不仅要认真倾听，掌握对方说话的要点，而且要适时表达自己的意见和想法，随机应变。正是在双向或多向互动中，口语交际的双方实现语言信息的顺畅沟通与交流。一旦一方停止发送信息，交际也就中断。"互动"是口语交际教学，区别于听说教学的最大特征。即使像报告、演讲等独白式交际，也需要互动，听者和说话者也要有表情的回应。

4. 示范指导策略

学生口语交际的内容、方式和语言形式还比较粗疏，其口语交际态度、习惯和能力等正在形成发展过程中，而教师的言谈态度、习惯和风格个性都会在潜移默化中对学生产生很大影响。因此，在口语交际教学中，教师的示范极为重要。首先，教师要身体力行，以自身规范的言语行为作为学生的表率。在课堂教学中，教师优雅得体的手势表情、敏锐准确的倾听水平、简洁明快的教学语言以及丰富多彩的表达风格与习惯，都是学生口语交际训练的直接示范。因此，教师要加强自身的口语交际素养，处理好教学中的口语交际与平时口语交际的关系，使课堂教学语言既有教师语言的共同美感，又具有个人风范，从而真正成为学生学习口语表达的对象和楷模。此外，教师在生活中的口语行为，也应规范得体，不能课堂普通话，下课本地话，这样会对学生的口语交际行为产生误导，不利于学生文明得体的口语交际习惯的形成。

同样，教师的指导十分重要，这种指导主要包括三个方面：一是指导学生倾听。例如，在指导学生专注耐心地倾听时，要结合具体典型案例，甚至教师亲身示范等，让学生明白怎样才是专注耐心，然后在具体情境中让学生实践和感受，学会专注耐心地倾听。二是指导学生表达。要加强学生普通话水平的训练。无论是在课堂教学还是课外活动，无论是与学生讲话还是和教师交流等，都要求学生使用普通话。在学生出现发音不标准、用词不当、语序颠倒或语意不畅时，教师应及时提醒和矫正错误，使学生逐渐形成按规范讲普通话的自觉性与主动性。指导学生讲话文明有礼。适时、适当地使用文明礼貌语言，能给人以亲切、和蔼、大方和有教养的感觉，能营造一种健康、积极、和谐的交际氛围。指导学生有条理地表达。教师要引导学生在说话时，先提纲挈领地亮出自己的观点，然后迅速整理思路，围绕观点进一步思考从具体的几方面来选择内容和组织语言，做到有理有据。三是指导学生交际技巧。比如，如何在交际的最初几分钟迅速打动对方？面对尴尬场面如何处理？要指导学生恰当地用交际中的无声语言，如表情、手势、动作等，强化口语的表达效果。在口语交际时，要求学生神情自信、自然，目光坦诚，切忌左顾右盼，心不在焉或居高临下，目中无人。此外，还要指导学生根据交际对象、场合和语境的不同，适时调整自己，提高自控能力和应变能力等。

（二）提高学生口语交际能力的途径

口语交际能力的形成，需要落实在具体的交际实践中。口语交际教学渗透在语文教学的各个环节当中，不能狭隘地理解为课堂教学或口语交际专题课。因此，口语交际教学的途径是多种多样的。下面从口语交际课、阅读和写作教学、生活实践三个方面进行具体论述：

1. 在口语交际课中培养口语交际能力

口语交际是语文课程中的一个重要学习内容，和阅读、写作一样，口语交际应当进行专项训练。在进行专门的口语交际教学时，要根据课程标准的要求、教材内容的编排和学生实际，合理设计和安排，使学生的口语交际训练能系统、集中、有序地开展，保证教学的高效。

（1）循序渐进地安排各学段的教学重点

口语交际教学应该依据循序渐进的原则，有序地确立教学重点，安排教学内容。教师要掌握中小学不同阶段口语交际教学的目标，通盘考虑，统筹安排，要求由易到难，内容由简单到复杂，形式由单一到综合，逐步提升学生的口语交际能力。在口语交际能力的培养上，从小学低年级、小学高年级到中学的教学重点，分别应体现出从口语基础技能、参与各类交际活动到研究各类交际与媒体问题为主的纵向深入的特点。在口语交际内容的选择上，从小学到中学，应体现出交际情境的创设分别以家庭生活、学校与同伴生活以及社会与职业生活为主的横向拓展特点。

（2）创造性地使用教材内容

与以往教材相比，现行语文教材比较重视口语交际教学，安排了较多的口语交际训练。教师应充分利用教材中安排的口语交际内容，使之在口语交际专项训练中发挥重要作用。比如，自我介绍、看图说话、复述故事、讲故事、讨论演讲、辩论、采访等活动，都为教师设计口语交际课提供了形式多样的参考。教师首先要认真研究，准确把握教材，珍惜每一个专项安排，尽量用好教材中现有的教学资源。但教材提供的内容往往不够具体，未必切合各地教学实际。因而，教师不能拘泥于教材内容，僵化操作，而要根据学生特点和地方实际，适当地进行增删调整，灵活、创造性地使用教材，优化教学效果。

（3）选择适当的教学方法

在进行口语交际教学时，应针对不同的内容，精心选择灵活的教学方法，使学生具有积极的参与状态。口语交际教学的方法丰富多样。根据不同的活动形式划分，有问答法、讨论法、模仿法、表演法、复述法、讲解法、诵读法等；根据不同的教学范围划分，有全班式、小组式、个人式等。针对不同的教学内容、不同的学生和不同的教学条件，教师应选择合适的教学方法，切实提高学生的口语交际能力。教学方法不仅要因学段而异，还要因学生而异。对待学习态度不端正和学习能力偏差的学生，宜采用个别指导法；对于学习能力较强的学生，要鼓励其自主学习，有助于实现更高的目标和要求；语言能力强的学生，可以采用讨论法，促使他们提升口语交际技能；语言能力弱的学生，可以采用诵读法和模仿法，加强练习机会。实际上，在某一次具体的口语交际课中，往往不会采用单一的教学方法，而是多种方法相结合，才能取得好的教学效果。

2. 在阅读和写作教学中培养口语交际能力

阅读和写作教学，是师生和生生进行交往互动的过程。语文教师不能只凭借口语交际专项训练来发展学生的口语交际能力，而应当将口语交际教学意识渗透在语文教学的全过程中。通过长期感染和熏陶，潜移默化地提高学生的口语交际能力。

（1）结合诵读进行口语交际训练

诵读是学生口头表达的基础，它既能让学生积累规范语言，又能让学生体验到规范语言的价值。诵读具体分为三种，即朗读、朗诵和背诵。通过朗读，可以培养学生敏锐的语感，丰富口语材料，锻炼口才。重视朗读训练，要让学生多听录音和教师范读。通过直观感受语气、语调的变化，去深刻感受语言的情感，要让学生在理解课文的基础上，学会将作者的思想感情转化成自己的口头语，去充分发挥。例如，个别读、齐读、轮读、分角色读等，都是口语练习的好形式。还要通过生生和师生对朗读的评价，来提高朗读能力，展开你来我往的口语交际过程。朗诵，是一种较高层次的口语训练。它以有感情地朗读为基础，要求创造性地运用停顿、重音、语调、语速，辅以手势、眼神、身体动作和面部表情等体态，将朗读艺术化。背诵，是一种传统的口语训练形式，既可以积累大量语言材料，又可以强化记忆能力，还可以锻炼口头表达能力。背诵训练是指导学生在理解的基础上记忆，不要死记硬背。此外，背诵训练还要教给学生识记的方法，如尝试重现背诵法、整体背诵法、分部背诵法、综合背诵法等。

（2）结合复述课文进行口语交际训练

复述课文是指让学生用自己的语言和课文中的重点语句，把课文的内容有条理、有重点地表述出来。它不是像背诵课文那样照着原文背下来，必须是在学生理解、消化课文内容的基础上才能实现，是一种对课文内容的加工和语言的再创造。因此，是口语交际训练的重要方法。在教学中，要根据课文内容、体裁特点、学生的实际和口语交际要求，确定复述的内容和形式。既可以复述段落，也可以复述全文；既可以详细复述，也可以简要复述；既可以按照原文复述，也可以创造性复述。在复述时，要按照一定的顺序，突出重点内容，详略得当，还要有条理、有感情，尽量使用课文中的重点词语和典型句式。在复述时，教师可以运用口语交际的方式进行必要提示，启发学生的思维，帮助他们回忆故事内容和情节，从而降低复述的难度。这样学生既形成了复述能力，又训练了口语交际技巧。

（3）结合提问讨论进行口语交际训练

思维的发展是从发现问题开始的。教师或学生提出一定的问题，然后围绕这个问题展开讨论，师生一起分析问题和解决问题，是课堂教学最常用、最有效的手段，也是训练学生口语交际能力的重要方式。在教师的引导和鼓励下，学生在感知和理解课文的过程中，不懂就问，敢于提出问题。有了问题后，学生通过阅读文本、查阅资料等积极思考，大胆地发表自己的见解和看法。为了完善和提升自己的认识，学生经常需要与同伴讨论，进行小组合作，找到解决问题的好办法；而教师在课堂上因势利导，于学生疑惑处启发，思维阻塞处疏导，学习关键处点拨。通过师生之间、生生之间的相互交流和讨论，不仅加深了对文本的理解，提高了学生分析和解决问题的能力；同时，促进了学生思维能力的发展，训练了学生的口语交际能力。

（4）结合民主评议进行口语交际训练

在民主、开放的语文课堂，师生是平等交流的，学生有充分展示个性的机会。这要求学生不仅要积极思考判断，提出自己的观点，还要特别留心倾听别人的朗读和发言，提出不同的看法，做必要的补充。在评议时，首先，要求学生用心倾听别人的朗读、发言和答问，不要随便打断别人的话题，注意交际礼貌。其次，积极思考和判断，对话题进行补充，提出不同的意见。在评议时，对别人提出的意见既要采取悦纳的态度，又要进行必要的争论，保持自己独立的思想。学生对教师、同学读书和回答问题等情况，发表自己的见解，说出自己的看法，被评议的学生可能虚心接受，也可能针锋相对地坚持自己的意见，这样自然形成你来我往的互动过程。在这一评议过程中，学生不仅深化了对文本创造性的理解，而且能逐渐形成相互交流、大胆争辩的口语交际能力，提高口语交际的信心。因此，教师应当重视将评议贯穿整个课堂教学过程。

3. 在生活实践中培养口语交际能力

培养学生的口语交际能力，不仅要加强学科之间的联系，将其融入各学科的教学之中，还应当充分利用学生丰富多彩的日常生活，组织各种有价值的活动，为学生增加口语交际的实践机会。

（1）在学校生活中锻炼

教师可以利用语文课以外的时间，在学校开展一些活动来进行口语交际训练。例如，处理班级和学校一些热点问题、突发事件，组织班级活动，开展主题班会讨论会、校园广播站，甚至利用电影、电视节目进行口语交际训练。在开展这些活动时，可以把主动权交给学生，让学生运用自己的聪明才智去安排活动、设计方案、制定规则和完成活动。这样既丰富了学生的课外生活，提高了学生的实践能力，又锻炼了学生的口头表达能力，增强了学生之间的交流与情谊。同时，教师还应有意识地利用课余时间让师生之间和生生之间有更多的交流机会，随机进行训练和提高，创造机会，抓住每一个机会使学生得到口语交际的锻炼。

（2）在社会生活中锻炼

现实社会生活中蕴含着取之不尽、用之不竭的口语交际资源，让口语交际和社会生活紧密联系，为学生创造一个口语交际的广阔天地，既能使学生学到在课堂上学不到的知识，又能在实际应用中提高口语交际的能力。因此，教师应该引导和组织学生在社会交往中，开展各种口语交际实践活动。例如，可以组织学生走出学校，去参观或者访问风景名胜、博物馆、科技馆、展览馆等，参加一些社会宣传活动和服务活动，参加社区的各种有益活动，进行社会调查了解当地的经济、文化情况等。学生可以在日常生活具体的交际情境中，进行训练，如去超市购物、到市场买菜、问路、借东西和亲朋好友交流、当小记者去采访等。通过观察和体验真实的生活，学生由学校走入社会，提高在社会实践中运用语言的能力，同时也逐步学会如何去关心周围的人和事，开阔视野，为学生将来走向社会，进行交际活动打下良好基础。

（3）在家庭生活中锻炼

家庭生活是学生形成口语交际能力的重要土壤。教师应当利用家长会、个别交流等方式，经常和家长沟通，提高学生的口语交际能力。首先，要营造宽松和谐的家庭氛围。民主的家庭，往往能营造和谐宽松的家庭氛围。孩子常被作为一个独立的个体得到尊重，他们有较多的机会参与家庭交往，在家庭决策中发表自己的观点，他们也会心无芥蒂地将自己的经历和想法与父母交流，并得到理解与耐心的指导。正是这样的家庭氛围，使孩子们想说、敢说，最终会说。而在冷漠、粗暴、紧张和强制的家庭氛围中，孩子出于自我保护的本能，不敢也不愿与父母沟通，久而久之就丧失了交际的兴趣。另外，家长要掌握必要的口语交际技巧。当孩子产生了口语交际的兴趣后，家长要引导孩子掌握聆听、表达和交流的口语交际技巧，使孩子养成良好的表达习惯，如说普通话的习惯、正确流利地表达的习惯。

总之，学生在社会生活中，与人交际的机会随时、随处都有，关键是要抓住每一个机会让学生在生活实践中加强锻炼，逐步学会聆听、表达与交流，把学校与家庭、社会有机地联系起来，共同为提高学生的口语交际能力创造条件和机会。

二、语文综合性学习教学

语文综合性学习是一种新型的课程内容与学习形态，区别于传统的语文活动，也不是单纯的研究性学习。它与识字与写字、阅读、写作、口语交际共同组成语文学习的五大板块，是语文学科的重要组成部分。

（一）语文综合性学习的内涵

关于语文综合性学习的内涵，学术界有不同的看法。有学者认为，语文综合性学习是以语言课程的整合为基点，加强语文课程与其他课程的联系，强调语文学习与生活的结合，以促进学生语文素养的整体推进和协调发展。也有学者认为，不应该局限于从学科角度理解语文综合性学习。综合性学习作为一种相对独立的课程组织形态，它超越了传统单一学科的界限，按照水平组织的原则，将人类社会的综合性课题和学生关心的问题以单元的形式统一起来。通过将知识与经验、理论与实际、课内与课外、校内与校外结合起来，以提高学生综合性解决问题的能力。两类看法的主要分歧在于，综合性学习是否要凸显学科特点。

语文综合性学习有利于学生在感兴趣的自主活动中全面提高语文素养，是利于培养学生主动探究、团结合作、勇于创新精神的重要途径。语文综合性学习不仅是语文学科中的重要组成内容，是五大板块之一，还应该凸显语文学科的特点。"综合"是语文综合性学习最重要的特征，但这个"综合"是在语文中的综合。

1. 语文综合性学习是语文学习内容的综合

这方面的综合包含了语文学科内容的综合、语文与其他学科的综合、语文与生活实践的综合。

（1）语文学科内容的综合

语文学科内容的综合，主要是指听、说、读、写的综合。语文学习应注重听、说、读、写的相互联系，综合性学习主要体现为语文知识的综合性运用，听、说、读、写能力的整体发展。叶圣陶先生曾指出："我们一方面要让学生善于说，另一方面要使他善于听。"读和写呢？读就是用眼睛来听，写就是用笔来说。反过来说，听就是读，用耳朵来读，说就是写，用嘴巴来写。所以，现在的语文教学，要把听、说、读、写四个字连起来。听、说、读、写各有其不同的特点、功能与规律，不能互相代替。四种能力又是相互依存、相互制约、相互促进的，不可割裂开来，有所偏废，顾此失彼。因此，语文综合性学习，首先要注重语文学科内容的综合。

（2）语文与其他学科的综合

语文与其他学科的综合，指的是与其他各学科的知识相互打通、综合、重组与提升，学生通过综合运用各学科知识，不断探究、学习和发展。语文与其他学科的综合，打破了学科之间的壁垒，改变了过于强调学科本位的状态，体现了课程综合性发展的必然趋势。语文教学应密切关注现代社会发展的需要，拓宽语文学习和运用的领域注重跨学科的学习和现代科技手段的运用，使学生在不同内容和方法的相互交叉、渗透和整合中开阔视野。

（3）语文与生活实践的综合

语文与生活实践的综合，则是基础教育课程改革强调的发现、探究学习在人发展中的价值的体现。语文是实践性课程，要让学生能够在生活中运用语文，首先就要让学生在生活中学习语文、运用语文。语言本身就是从生活中来的。作为母语，学习资源和实践机会无处不在，无时不有。应该让学生多读、多写，日积月累，在大量的语文实践中体会和把握运用语文的规律。学生根据在生活中学习到的语言，建构自己的语文知识系统，再根据自身的特点，运用语文。

2. 语文综合性学习是语文学习方式的综合

传统的语文教学更偏重于学生的接受学习，而语文综合性学习是基于学生的直接经验、密切联系学生生活实际、体现对知识的综合运用的过程，是充分实践自主、合作、探究学习方式的过程，因而，也更强调学习方式的综合，强调个体独立学习与同伴合作学习相结合，接受学习与探究学习相结合，理论学习与实践学习相结合，课内学习与课外学习相结合。学习方式的综合，更体现为学习方式的多样化，由传统的知识"传递—记忆"的方式，转化为多元化的方式，如"观察—表达""问题—解决""活动—探究"等方式。

综上所述，语文综合性学习，是学生在语文实践活动中，综合运用语文知识，整体发展听、说、读、写能力的过程；是语文课程与其他课程沟通融合的过程；是学生在生活实践中，运用语文知识的过程。其根本目的，是使学生的语文素养获得全面、协调的发展。

（二）语文综合性学习方案设计的方法

1. 理解并掌握语文课程标准中的相关要求

综合性学习主要体现为语文知识的综合运用，听、说、读、写能力的整体发展，语文课程与其他课程的沟通，书本学习与生活实践的紧密结合。综合性学习应贴近现实生活。联系生活中的实际问题，开展学习活动，在实现语文学习目标的同时，提高对自然、社会现象与问题的认识，追求积极、健康、和谐的生活方式，增强抵御风险和侵害的意识，增强在与自然、社会和他人互动中的应对能力。综合性学习应突出学生的自主性，重视学生积极主动的参与精神，主要由学生自行设计和组织活动，特别注重探索和研究的过程，要加强教师在各个环节中的指导作用。综合性学习应强调合作精神，注意培养学生策划、组织、协调和实施的能力。综合性学习的设计应开放、多元，提倡与其他课程相结合，开展跨领域学习、跨学科学习，也应以提高学生语文素养为目的。积极构建网络环境下的学习平台，拓展学生学习和创造的空间，支持和丰富语文综合性学习。

2. 确定语文综合性学习的目标

学习目标，是学生通过学习以后能达到的标准。明确目标，是开展语文综合性学习的先决条件。综合性学习的总目标，是提高学生对语文知识的综合运用能力，但每一次的综合性学习，还应该有更具体的目标。目标的确定，应该参阅语文教材中的相关材料，包括单元提示、综合性学习相关材料等。当然，还有一个重要的因素，就是学生的具体情况。语文教材是以单元形式呈现的，而综合性学习内容是根据单元要求编写的。单元的相关要求，也是对综合性学习活动的要求。在设计综合性学习方案时，必须考虑到单元的要求。

3. 策划语文综合性学习的中心活动

语文综合性学习是以活动为中心的，持续的时间也比较长，因此在设计方案时就要仔细考虑、认真策划，策划方案的重点是确定中心活动，这是方案设计的核心环节，也是加强方案设计整体性的重要步骤。确定了中心活动，后面开展活动的设计才不会零散、漫无目的。中心活动的确定以目标达成为基础，更重要的是要考虑学生的兴趣与参与，还有就是能运用的教学资源，特别是生活资源。

4. 制订综合性学习活动的具体方案

制订综合性学习活动的具体方案，具体来说，就是思考并谋划如何组合与运用各种学习、教学手段，采用一定的教学方法，指导学生在一定的时间里完成学习任务。这是方案设计的重要部分，解决的是"如何开展活动"的问题。具体方案设计得越完善，活动开展就越能落实，综合性学习目标的达成度也会越高。

如果说前一个"确定中心活动"的环节更多的是从整体上考虑综合性学习方案，这一个环节就是分解活动阶段，具体划分各环节任务，明确各环节的学生学习与教师指导的活动。制订综合性学习活动的具体方案，一般要考虑三个环节，即活动前指导、活动中指导和活动后指导。活动前指导，一般在课室进行。活动前的指导，强调激发学生开展活动的兴趣，指导学生开展活动的方法，组织学生做好开展活动的准备。做好活动前的指导，是顺利开展活动的前提。活动中指导，可以在课室进行，也可以在室外或校外进行。教师要指导学生在活动中学会发现问题、解决问题，以及撰写文章或活动报告。活动中指导，强调教师不能放手，要关注学生活动过程，及时给予学生必要的协助，让学生的活动能顺利开展。活动后指导，一般在课室进行。指导学生展示成果和分享成果，并对成果进行评议，可以包括回顾活动前的要求、各课外小组展示自己的作品或文章。活动后指导，侧重于交流活动的组织与指导。活动的开展目的并不仅仅是活动本身，更重要的是要通过活动后的交流汇报，让学生分享活动成果，交流实践过程中的心得感受、体验及内心的成长。同时，在交流中通过聆听、观摩别人的实践，得到启发和提高。

5. 设计语文综合性学习活动的评价方案

语文综合性学习活动形式一般是开放式的，持续时间比较长。要保证活动能有效指向目标的达成，就必须关注活动全过程的评价。因此，在做综合性学习方案设计时，也应设计评价的内容与形式。

第一，综合性学习评价方案的设计，要注意明确目标及重点。评价目标要与方案目标相对应，同时由于学生的活动过程是持续、变化的，评价也要分阶段进行，体现发展性。每一环节的评价，应有侧重点，不必求全。第二，综合性学习的评价应该是持续性的，因此方案的设计要注意确定评价的时机，真正达到促进学生发展的目的。评价的时机要及时、得当，通常在较重要的活动内容完成后，就要有相对应的评价，这样既能跟进学生的活动进程，又能对学生的进步给予适时的指导和鼓励，更能通过及时的评价促进学生的自我反思，提高学生在活动过程中的自我管理及主动学习的能力。评价时机的选择与评价内容，有密切的关联。例如，评价学生在活动中的合作态度和参与程度，就要选择在活动整个过程中观察和评价；评价学生能否根据已有的课内外材料，形成自己的假设或观点，就应选在活动的中后期进行。第三，综合性学习的活动是开放的。在设计评价方案时，要根据评价的侧重点不同，选择恰当的评价主体与评价方式。特别是由于综合性学习的活动是以学生为主体开展的，提倡自主、合作、探究的学习方式，因此在评价上，更应强调让学生进行自我评价和相互评价，评价的方式也应多元化。

设计好综合性学习评价方案后，要充分发挥评价的指引作用，让学生在活动前了解评价方案，这样学生对整个综合性学习有个全盘的概念，对学习成果有预期的设想，便于根据自己的情况，制定相应的学习策略，安排适当的进度，让活动能够取得更好的效果。另外，教师也可以根据评价方案，有针对性地搜集相关材料，为活动后的教学反思做好准备，切实提高学生的综合性学习能力和语文素养。

第三章　语文学习活动的设计与实施

第一节　语文学习活动的概述

一、以"学的活动"为基点的教学

华东师范大学叶澜教授曾说："课堂上，教师要封住自己的嘴，让自己少说一点，留出时间和空间给学生。"教授的话，通俗而深刻。于是，有人感叹：有一种爱叫作放手，让学生成为课堂主角。

教师封住了自己的嘴后，应该做什么呢？那就是要开展以"学的活动"为基点的教学。"学的活动"就是"学习活动"，开展以"学的活动"为基点的教学，这是由语文课程的实践性乃至教育的本质所决定的。

在课堂中一旦引进三种活动——学生作业自主活动、小组讨论、全班交流分享，就一定能够打破教师一言堂的格局，给予学生活动与思考的时间，形成活动式学习、合作式学习、反思性学习。

二、语文学习活动：内容与类型

语言建构与运用是语文学科核心素养的基础，在语文课程中，学生的思维发展与提升、审美鉴赏与创造、文化传承与理解，都是以语言的建构与运用为基础，并在学生个体言语经验发展过程中得以实现的。

语文课程包括学习语言、关于语言的学习、通过语言来学习三个组成部分。"语言建构与运用"素养，与"学习语言"（具有实践意义的听、说、读、写的语言运用）、"关于语言的学习"（有关语文知识与策略）相应，而思维、审美、文化等素养与"通过语言来学习"相应。

学生通过阅读与鉴赏、表达与交流、梳理与探究等语文学习活动，在语言建构与运用、思维发展与提升、审美鉴赏与创造、文化传承与理解几个方面都可以获得进一步的发展。

语文学科核心素养是学生在积极的语言实践活动中积累与构建起来，并在真实的语言运用情境中表现出来的语言能力及其品质。

需要注意的是，"阅读与鉴赏、表达与交流、梳理与探究"仅仅是学理上的一种处理。在语文教学实践中，依据不同的分类标准，语文学习活动有不同的划分，比较普通的有：

① "课堂—课外"维度，有课堂学习活动、课外学习活动；

② "方式或能力"维度，有读、写、听、说四种类型；

③ "口头—书面"维度，有口头活动（听、说）和书面活动（读、写）；

④ "单一—综合"维度，有单纯地听、说、读、写和四者之间的结合；

⑤ "个人—合作"维度，有个人学习、合作学习、共同体学习；

⑥活动性质维度，有认知型、体验型、探究型，或语言实务运用（通常称为"语文运用"）、审美运用、探究运用等等。

方式或能力维度的分类——听、说、读、写，既是四种言语实践类型、活动方式，也是四种言语能力。

三、语文学习活动：设计与实施的学理

理解积极的语言实践活动的特点，掌握一些学习情境、学习任务、学习活动设计的基本原则和技巧，也应该是一线教师的基本能力。

进行语文教学活动不能为活动而活动，学习活动设计与实施的合理性，取决于学习内容的特点、学习者的特征与学习过程的目标，以及相应的评价。

有学者曾说，借助活动理论把握人格及其发展，借助活动理论推进教育与教学的重建，这就是现代教学改革最适当的方案。在大多数组织中，教学设计是一个丰富的社会文化过程，用活动理论去理解教学设计要大大强于用分析程序图表的方法。

"活动理论"分为三代。第一代认为人的心理发展，是在人与人（主体）之间、在完成某种活动（对象）的过程中、通过中介或工具（机器、书面文字、口头语言、手势、建筑、音乐等）发展起来的。第二代活动理论对文化的多样性缺乏敏感性，并没有注意到不同文化、不同观点之间的对话问题。为此，有学者提出以"学习者集体"和"高级学习网络"来超越学校制度的限制，从而发展出第三代活动理论，以强调学习过程中对象和动机的协商与转换、不同观念和声音的碰撞等。用第三代活动理论来建构崭新的语文学习活动，以改变"异化"学习的状况，已为课程标准所注意。为此，在构建语文学习活动

时，教师应当要注意：①共享的愿景，学生基于自己的基础和经验的语文能力发展；②丰富的活动，学生作为共同体成员，全员、全程参与学习活动；③民主的规则，在学习活动的目标与任务体系、参与体系、奖励体系中，行为和学习体现社会公平；④广泛的身份认同，成员既有自我的身份认同，又有共同体的身份认同；⑤良好的人际关系，每个成员具有充分的安全感。

四、语文学习活动：设计与实施的模型

美国著名教学设计专家、赛布鲁克研究生院巴纳锡（Banathy）教授，从研究聚焦点、研究范围及与其他系统的关系等，概括了四种教育系统模式，其一就是"学习活动系统"：

第一，学习目标：学习结果陈述的是学习者知道和将能够做到的内容。这种陈述用来指导学习者以及辅助学习者的人。

第二，学习者地位：学习者参与到指导他们自己的学习以及评价他们自己进步的活动中。他们参与自己学习任务的选择。学习者直接参与且在学习阶段成为主要演员。教师管理学习资源，成为学习活动的给养。

第三，活动安排：学习者被提供了多种学习经验来选择。不同的学生可以获得不同的学习条件和不同类型的学习安排，包括自主学习、有指导学习、合作学习、个别辅导、使用技术等。

第四，任务场景：学习者在最适于完成特殊学习任务的场景中工作，如有时自学，有时在自习室学，有时在小组里，有时在大组里。

第五，学习评价：学习者的进步，主要由自己和小组评价以及学习管理者（如教师或其他学生领导）的意见判定。学习者对他们自己的学习拥有更多的责任，评价主要用于激励。

这五个方面，可为我们建构"学习活动"的模型提供有力的参考。为便于语文学习三个核心领域（阅读、写作、综合性学习）活动的设计与实施，需要建立一个运行模型。下面就该模式关键点做一个简单说明。

（一）分解任务，形成任务链条

在"目标—活动—评价"中，要将"目标"转换与分解为"任务"，这是活动设计的关键。操作时要注意：

①根据"学生学的思路"确定实现目标的诸任务；

②目标与活动的对应关系，包括一对一、一对多、多对一以及实现高价认知目标时的多对多等；

③任务的多寡，一般一节课以 2～3 个为宜；

④明确任务间的关系（并列、递进及其他关系），成为任务链条（或学习项目）。

（二）由任务驱动学习活动

为完成一个任务的活动，在课堂教学中体现为一个教学环节。一课时完成 2～3 个任务，就意味着 2～3 个环节（或称为块状教学），外加导入、总结，一般不超过 5 个，否则会使学习活动零乱化、浅表化、碎片化。学习活动的展开，就是"任务 1→任务 2→任务 3"的阶段性推进。

（三）每个任务是一个自主的学习活动

"情境创设→明确任务→学生活动→活动展示→成果评价"，这是一个自主的学习活动。"情境创设"是为了激发学生的动机，或为了设置具有表现性的任务，或展示预期学习结果可能的形态，可只在"任务 1"前（位于"导入"，为几个连续任务的总情境）使用，而任务之间可用其他方式过渡。

（四）课型选择，要依据"任务"性质

阅读、写作、口语交际，基于问题的学习、项目学习、抛锚式学习……其活动的表现各有不同，因此并不能拘泥于图中示例的这一种课型。基于核心素养的语文教学，更强调"项目设计"，此举可避免"课时主义"学习内容、学习过程的碎片化。

第二节 阅读活动的设计与实施

阅读是搜集处理信息、认识世界、发展思维、获得审美体验、积累文化底蕴的重要途径，阅读能力是语文学习能力的主要构成因素。

一、阅读的一般过程和阅读理解的条件

阅读有广义、狭义之分。广义的阅读，是指人们用于获取文本内容的阅读，如人们每天看报、阅读杂志及书籍；狭义的阅读，是指中小学生在语文学科上的阅读，包括课内阅读与课外阅读。这里所谈的，主要是狭义的阅读。

心理学家认为，阅读过程中有两种加工：一是自下而上的加工，二是自上而下的加

工。前者，音形刺激的感知激活学习者认知结构中所储存的字、词、句的意义，从而感知文本中每一个字、词和句子，从句意到段意和篇的意义。后者，学习者通过感知部分课文信息，如大标题、小标题或开头、结尾的关键句子，便能激活认知结构中有关篇章结构的图式，利用篇章结构图式预测文本内容，补充某些文本中未直接交代的部分内容，从而迅速理解文本。

一般来说，学生在学习语文课文时，会反复从事这两种形式的加工。当阅读能力较低或遇到比较陌生的课文时，前一种加工为多。

从现代认知心理学的广义知识观来看，阅读理解有三个条件：①有关文本内容的知识，即所谓的生活或百科知识；②通过对字、词、句的解码从中获得意义的技能，这是阅读的基本技能，可在短时间内学会并达到自动化；③理解作者的思路、构思与表达技巧的技能，这是阅读高级技能，不能在短时间内学会且很难自动化。

按此，组织阅读活动以发展学生的阅读能力，就应包括三个方面：①丰富学生的生活内容，包括参与社会生活获得的和通过阅读间接获得的；②获得语文基本技能，即通过某一特定文本的阅读掌握一些字、词或句式，日积月累，技能逐渐自动化；③获得语文高级技能，这种技能属于认知策略和元认知能力范畴，受学生认知发展阶段制约，且伴随学生思维发展逐渐形成。

二、阅读教学设计的依据

阅读教学贯穿了中小学语文教学的始终，可以说学好了阅读教学的设计，就能独立自主地完成中小学语文教学的大部分教学设计。教学设计的所有步骤之中，教学目标的设计可以说是具有统领性的。那在教学目标的设计过程中应考虑哪些要素呢？

（一）要尊重教材

在教材选编之初，选编者就已经综合设定好了单元目标。这些单元目标往往充分考虑了文本的原生价值，从中小学生的身心发展特点出发，与我们中华民族的主流文化相契合。教师要充分利用现有的各方资源，指导学生进行学习，并逐步达成这些目标。但是，每篇文章除了要完成单元目标之外，还有它存在的个性目标，教师要认识到每一篇文章的独特价值。

（二）考虑学情

"最近发展区理论"是教学目标设计时必须考虑的。学生的发展有两种水平：一种是学生的现有水平，指独立活动时所能达到的解决问题的水平；另一种是学生可能的发展水平，也就是通过教学所获得的潜力。两者之间的差异就是最近发展区。教学目标应着眼于学生的最近发展区，为学生提供带有难度的目标内容，调动学生的积极性，发挥其潜能，超越其最近发展区而达到下一发展阶段的目标水平，然后在此基础上进行下一个发展区的发展。

（三）要达成总目标

在我们当今的语文教学过程中，不少冗杂的内容占据了过多的课堂时间。所以，一定要把语文课上得像一节语文课。其实，语文课就是要让学生通过品读别人的语言和情感，学会表达自己的思想和情感。所以，一节好的语文课，应该注重学生的语言发展，养成学生良好的语言思维逻辑能力，其最终追求应该是学生的语言表达能力的提高和人格精神、人文素养的提升。

三、阅读教学设计的原则

阅读教学的内容太过广大，无论是诗歌、散文还是小说、戏剧，各种不同文体的教学都包含于阅读教学之中。面对一篇课文，选择哪一部分作为教学内容，不同的老师会有不同的选择。这受到教师个人的文化背景、兴趣爱好、教学经历、思维方式等很多条件的影响。但是，教学内容的选择显然不是随心所欲的，它存在着确定的原则。

（一）彰显"语文性"

语文教材中的每一篇课文，可能会涉及各个学科的问题，比如天文、地理、历史、政治、人伦。语文教学是透过言语所承载的内容来学习言语，非语文教学是透过言语去发现或获得言语所承载的内容，了解语文独立设科的意义。教学内容的选择是一个观念性的问题，不能因为求新求异而导致教学内容的错位。

（二）把握"适度性"

在进行中小学语文阅读教学设计时，既要充分考虑"基础性"，不能太"越界"，超出学生的认知范围，又要考虑到一定的深度和广度，防止出现学生"消化不良"和"吃不饱"两种现象。

复杂的介绍对基础教育来说必要性不大。这些内容也许确实有助于拓宽中小学生的知识面，但是教师应该考虑到，进行阅读教学的根本任务就是培养学生学会阅读。因此，教师一定要把准学生的脉，知道他们真正需要的是什么，哪些是可以进入他们的认知领域的。我们会经常看到这样的现象，老师认真地教，学生却无动于衷。为什么呢？因为，你在教的是他们早已经心领神会的，或者你在教的是他们无论如何也无法理解的。

（三）区分"文体性"

在课堂教学中，很多教师往往将文学作品单纯地当作传递语文知识的工具。将教学固定为程式化的模式，而忽视了文学作品不同体裁所传递情与美的方式的不同。语文教学需要一定的模式，但是不能模式化和僵化。所以，教师在教学内容的设计上一定要把注意点放在不同文体的差异上。同样一个主题，诗歌通过意象的选择和意境的营造来传递，散文会在看似闲庭信步中通过情与景的交融、情与理的和谐来分辨，小说借助环境的渲染和典型人物形象的刻画来彰显，戏剧则会通过集中的情节冲突和舞台对话来让学生感同身受。

四、阅读教学设计的理念

要始终坚持"四个主体性"，这"四个主体性"主要包括：文本作者的创作主体性；教材选编者的选择主体性；授课教师的教学主体性；学生的学习主体性。若无前两者的高扬，后两者的主体性就无法保证。

（一）坚持文本作者的创作主体性

多数情况下，文章的作者并不知道自己的作品将会被选入教材。所以，作者在创作的时候，很难有面对中小学生读者的意识，一般来讲，他们只是用自己的语言传递自己的思想情感而已。而我们在阅读的时候首先要做的，就是要努力探究，作者在什么情境下，什么背景下，为什么而写。

阅读文学作品应努力做到知人论世，通过查阅有关资料，了解与作品相关的作家身世经历、时代背景、创作缘由等材料。教师在解读文学作品时，首先应该做的，就是引导学生探究作品背后的深意，例如作者创作作品时的社会背景、世态人情及作者的个人境遇等情况，以期更准确地把握作者的写作意图，领会作者所表达的思想感情和作品的思想内涵。

（二）坚持教材选编者的选择主体性

虽然文本作者的创作主体性在先，但是作品一旦进入教材，就意味着它不仅仅是一个原生文本，它也一定会被编选者赋予新的价值。学生要在教师的指导下，在自身的学习过程中挖掘其作为教学内容的教学价值。教师对教学文本的精研，也是课堂教学至关重要的一步。研读教材，才能向编者的思想趋近，才能发挥出阅读教学的最大效用。教师要在所在学段、年级、单元目标的统驭之下正确理解文本。教师要善于体察、分析编者思想，善于思考，为何教材是以这样的形式出现的？

（三）坚持语文教师的教学主体性

在当今语文教学中，师生的摆位问题至关重要。如何正确处理课堂教学中师生之间的关系，是提高课堂效率和培养学生创造性思维能力的重要环节。很多人把教师比喻成导演、舵手、主持人、裁判员，这都是在凸显教师的主体性作用，遵循教学民主原则的重要体现。

语文教师的教学主体性，应该体现在独立解读文本和自由组织教学这两个方面。

1. 教师独立解读文本

语文教师不能无视文本作者在自己的语境中真实地表达自己的思想和感情的权利，不能脱离文本的具体内容对作者的写作进行刻意的挑剔和不切实际的批判，但每一个读者都有在自己的人生经历和生活体验的基础上感受和理解文本的权利，一个文本是无法脱离读者的接受而独立存在的，它引导读者积极想象，产生各种可能的联想，从而与读者的人生经历和人生体验发生直接的关系，起到感染人、影响人的思想和感情的作用。所以，语文教师具体地感受以及体验这个文本的过程，是其他任何人都无法代替的。

现在，常常说要解放学生，而解放学生的前提就是解放教师。假如教师都没有以自己独立的、真实的感受以及体验分析和讲解文本的自由，那么学生的自由又从哪里来？教师怎么会允许学生有真实的、独立的感受和理解文本的自由？不论教学参考书对文本的讲解多么准确和具体，不论专家和教授对文本的研究和分析多么细致和深入，教师都必须通过自己的感受理解这个无法逾越的中介才能具体地进入教学过程。离开这个中介，要求语文教师照本宣科地把结论传达给学生，并让学生准确无误地死记这些结论，是对语文教师主体性的漠视，也是对学生学习主体性的损害。

2. 教师自由组织教学

在教师成为一名兼具理性与感性的优秀读者的基础之上，要充分发挥自己组织教学的主动性与自由性，因为任何新的理念和方法都必须通过教师本人的接受和理解才能付诸实施，谁都不能代替教师在组织教学活动中的主体地位。教师对文本的感受和理解是在自己人生经历和人生体验的基础上进行的，不同的语文教师有不同的特长。积累起的教学经验也是各不相同的，他们面对的是各不相同的学生，有各不相同的语言文化背景。所有这一切，都意味着他们不能照搬任何一种固定的教学模式，不论是社会还是学校的领导，都要尊重语文教师组织教学活动的自由性，不能用任何固定的教学模式和别人的教学经验将语文教师的手脚捆住。要让教师充分发挥自己的特长，从而把自己的特长转化为学生的特长，课堂教学不能千篇一律，不能把任何一种固定的模式绝对化。语文教学中，语文教师的个性之不存，语文教学鲜活的生命就不存。与此同时，还需要进一步引导学生尊重语文教师的主体性，引导学生养成在教师统一的组织下积极主动学习的习惯，为教师提供组织课堂教学更大的自由度，而不能为教师主体性的发挥设置更多的障碍，更不能鼓励学生过多地干预教师的教学组织活动，既不能鼓励教师压学生，又不能鼓励学生压教师。

（四）坚持学生的学习主体性

教师必须树立正确的学生观，尊重学生的主体性。课堂教学的最终目的，是落实到学生的学习效果上。尊重学生的主体性，应当成为教师的一种深植于内心的教学理念，也是当下课改最为强调的。

在学习过程中，具有主体地位的始终是学生。其一是全部的语文教学活动，从教学大纲的制定，到语文教材的编订；从教学参考书的编写，到语文教师的课堂教学，都必须落实到学生的"学"上，都是为了尽快提高学生的人文素质和语文素质。其二是在整个语文教学活动中，学生都应该是一个积极主动的参与者，而不是一个被动的服从者。所以，要坚持学生学习的主体性。

五、中小学阅读活动的设计与实施

教学设计与实施，需要一系列极为复杂的专业技能，这里只谈若干关键点。

（一）计划最佳的读者角色

阅读教学最需要的是"沉浸"，即读者、文本、作者的视界融合，心灵相通相融。在建构主义学习理论中，情境创设屡被论及。一个好的问题情境，应该是真实、令人困惑、开放、便于合作，并对学生有意义的。

在阅读教学中，如何找到一个好的问题情境，让学生"沉浸"其中呢？在阅读活动的设计上，可选择创设尽可能真实的阅读情境模型。该模型建议，一个文本至少需要转换四种"必要但又不充分的角色"——密码破解者、意义建构者、文本使用者、文本评论者。其实，这就是阅读姿态（或阅读取向、阅读方式、阅读方法）的选择，在平时自由的阅读中常常是无意识的，在阅读教学中，为有效实现目标，教师需要依据先前确定的目标与内容，计划出学生最佳的"读者角色"。

（二）确保学生"思考投入""充分讨论"的时间

课堂效率不是以教师讲了多少作为评价标准的，而是以学生理解、发现、感悟、创新的多少等为评价标准的。当今课堂常见的，如课堂上没读几分钟就让学生分组讨论，没讨论几分钟又让学生各抒己见，他们哪里说得出？

"文本对话中读者的角色""培养思考投入""对文本充分的讨论"是"理解性阅读"最为重要的三个概念。要让学生沉浸文本，除了计划最佳的读者角色，便是给学生以充裕的时间读文本、做思考，并组织学生围绕文本做充分的讨论。

（三）为活动选择最佳的策略

阅读活动，不能只是说留时间给学生读就可以的，教师应该选择最佳的策略，以实现学生的深度学习，以解决阅读"一英里宽一英寸深"的问题。

这里包括两个方面的问题：一是有哪些策略可供选择；二是如何选择。

前一个问题，几乎所有的普通教学类和学科教学类书上都有介绍。例如，传统的、以教师为中心的，有讲授模式、直接教学模式、概念教学模式；建构主义的、以学生为中心的，有合作学习模式、基于问题的学习模式、课堂讨论模式，可为语文教师的教学提供认识和操作上的启发与参考。

选择运用教与学的策略，有这样五条建议：

①在教学中起到一种指导、建模和促进作用；

②强调学习中学生的大量责任，即教师少讲而让学生多说；

③使用与文本相关的高层次问题；

④引发学生更积极的反应——除了听之外，还进行阅读、写作和实践活动；

⑤同伴协作。

六、开展课外阅读活动的若干建议

课外阅读，其在目标与内容上，与课内阅读是一致的，都是发展学生的阅读能力。但与课内阅读比较，具有其自身的特点。

（一）限量、限程阅读

广泛的课外阅读，学生的家庭环境很重要。家庭环境或有缺欠，学校要尽早创设浓厚的课外阅读氛围。

学校规定某一阶段应读的书，可以配以相关的分享活动，督促学生将读、写、听、说结合。这一方法实际也为诸多学校所用。当然，也可不规定具体应读哪些书，让学生根据推荐书目、家校藏书自由选择。

（二）共读一本书

在义务教育阶段，如果课堂教学富余，或者语文教师愿意挤出课内时间，安排一个阶段全体同学共读一本书，是一种不错的选择。

（三）读书俱乐部

读书俱乐部作为一种"概念框架"，希望教师围绕它组织阅读活动和教学，这样就能给具有不同阅读能力的学生提供机会，使之参与到围绕文本的对话和写作中来。这个框架由研究人员和教师共同开发并通过专业网站得以实现，这个框架的主要原则是把思想公布于众，并围绕文本形成相互对话的基础。这个框架包含了教师教学、阅读、写作、文学讨论以及小组反思和共享，主要部分就是学生独立工作，主要是以各种各样的小团体形式来工作。在小组中学生讨论他们在阅读文本和写阅读日记过程中遇到的问题，相互之间进行提问来理清有疑惑的地方；同时讨论文本的主题，把文本内容和他们的生活相联系。

读书俱乐部可以分不同级别的，如学校的、年级的、班级的。班级内，也可以按自愿组合的原则，成立多个读书俱乐部，成员间或推荐新书，或同读共研一本书。如果借助网络等新媒体的，还可以邀请家长、专家加入。读书俱乐部的运作，开始时教师要"扶上马走一程"，培养学生骨干，然后渐渐放手，让学生渐渐从"合法的边缘性参与"走向中心。

（四）整本书阅读

课外阅读是富有个性化的，但课外阅读并非与课内阅读简单分开的，教材的出处脚注（文集或作者）乃至课内习得的阅读方法等，都可以勾连课内与课外阅读。课外阅读也不可以放任自由，开启阅读的导读课（读物推荐、方法指导等）、阅读过程中的交流课（欣赏交流、疑难共解、收获分享等）、阅读结束时的总结课（汇报、评估等），是指导课外阅读的基本课型，这些课型从时间上来说，也需要占用课堂学习时间。

课外阅读之中，必须保有一定量的整本书阅读。整本书阅读是补救浅阅读、碎片化阅读以及应试阅读的良药。由于整本书的不同文体特质、个性风格和学习价值，更由于地域学情、个性爱好的多样性，整本书阅读很难形成通用的阅读教学模式，但并非无线索可依。

其一，以章节为线索设计阅读活动。按章节之间的关系循序渐进地理解内容，这是整书阅读的常态。据此设计活动，如按章节整理要点、写读书报告、进行阅读竞赛等。

其二，以文类或体裁为线索设计阅读活动。如语录体思想深刻、表达精练，传记类叙事生动、富有励志性。据此设计活动，如《论语》这种经典语录体，可采用每周学一节、反复成诵的学习方式。

其三，以读书方法为线索设计阅读活动。古今中外的读书人曾经总结出很多行之有效的读书方法，如古代的校勘、评点、辑要等，现代人提出的比较阅读、思维导图法等。推荐学生根据读物特点采取某种读书方法，可有完成阅读任务与增进阅读策略的双重收获。

其四，以活动类型为线索设计阅读活动。除了读书会、演讲会、表演会、撰写小论文外，还可以举办读书竞赛、图书交换、推荐图书等活动。这类活动自主性强，学习趣味高，不足之处是花费时间多，可以与综合性学习统筹安排。

其五，以问题解决为线索设计阅读活动。读书的重要目的之一是借助他人的思想成果提升自己，帮助学生解答学习疑惑、解释生活中遇到的难题。

需要指出的是，整本书阅读作为课程内容的一部分，自然离不开设计（微课程或单元的设计）。活动的设计，要处理好集体指导与个性阅读的关系，有效引导学生通过阅读整本书，拓展阅读视野，建构阅读整本书的经验，形成适合自己的读书方法，提升阅读鉴赏能力，养成良好的阅读习惯。

第三节　写作活动的设计与实施

如果问中小学语文教学中哪一个部分是最让老师和学生头疼的，那必定是写作了。可以说，写作是教师和学生的"生命中不能承受之重"。如果说基础知识、阅读鉴赏可以通过机械性的强化得到提升，写作的教学方法却总是难以把握，没有"立竿见影"的"疗效"。因为写作能力是对一个学生综合语文能力的考量。教师如何教好写作，学生如何学好写作，并不是某一方"一厢情愿"的努力便可达成，一定要经历一个反复、渐进的过程。写作，是"戴着镣铐的舞蹈"，它不需要阅读教学那样极细入微的目标，重要的是教师的"心中有方圆"；不是无节制的挥洒，而是教师的"有的放矢"。它的最终指向是，在写作生活化的追求中完成写作能力的提升、人文素养的提升，并在考试中取得理想的成绩。

一、写作教学设计的理念

理念是一切的先导，具有决定性的作用，其他内容的学习都是在正确理念的观照和指导下完成的。写作教学应该遵循哪些理念？

（一）激发兴趣，让学生乐于动笔，易于表达

教学艺术的本质不在于传授，而在于激发、唤醒和鼓舞。正所谓"知之者不如好之者，好之者不如乐之者"。与其生硬地推动学生向前走，不如唤起学生的兴趣。兴趣是最大的内驱力，唤起兴趣，要遵循如下两个原则：

1. 作文训练要由易到难，循序渐进

先让学生把一件简单的事情说清，正所谓"贪多嚼不烂"。如果连一个简单的片段描写都无法搞定，遑论写出一篇精彩的文章。教师要从小处着眼，从片段描写着手，人物也好，场景也罢，接下来再扩展到记叙文全篇的写作。对于基础差的学生要鼓励他们进行模仿，在适当的时机加以引导。

2. 培养学生的自信心，让学生体验成功，获得自我满足

人有自我实现的需求。越是写作基础差的学生，越是希望自己得到教师的认可。教师要不吝惜自己的表扬与鼓励，努力去发掘学生作品中每一处细微的优点，并给予表扬，哪怕是一句话、一个词，长期坚持，学生的自信心会得到提升。要用权威的点评、热切的希望，温暖学生的心灵，真正地为学生的成功与进步，奉献出自己最真诚的赞美。

（二）强化阅读，让学生博采古今，含英咀华

一个读书多的人不一定是一个会作文的人，但一个作文写得好的人一定是一个饱读诗书的人。

现在很多学生也知道要读书，也多读书，但都读些什么书呢？网络作品、青春小说、快餐文学，这样的阅读只能给学生以短暂的愉悦，却无法从根本上提升学生的写作水平。所以教师一定要用经典引领他们的创作，给他们开列书单，让学生得以慢慢走进一个博大而绚丽的文学世界，让他们在起步的时候就以大师为榜样前进，跟最一流的经典学习。

1. 重视课内阅读，随时随地观照写作

要从课文中寻找训练的切入点，让课内练笔成为一种常态化的行为。

①模仿好的词句，遣词造句。

②以课文"留白"为切入点。课文中的"留白"，都可以让学生来补充完整，也是对文章中人物和主题的进一步理解。

③以语言的表达为切入点。将古诗改编为现代诗在当下很流行，一些古诗的翻译作者，也都是以现代诗的形式呈现的，将一些翻译得比较经典的找来给学生看，一定会激起学生的兴趣和动笔的愿望。

④以文中的哲理语句为切入点。教材中的课文有很多充满哲理的句子或是观点，教师可以让学生根据这些发表意见，写出感想。

2. 拓展课外阅读：读书的厚度就是写作的深度

作文主要有四个支点：生活、思想、语言、技巧。这四个支点都可以通过读书来解决，或者在读书的过程中自然得到提高。

读书要读经典，而且要读深。先把一本书读深读透，成为自己的根据地，这就是所谓的"一本书主义"。没有一定的阅读深度，学生很可能永远停滞在一个较低的层次，成为只有广度而没有深度的平面人。

可以建议学生对经典书目反复读。每一遍读有每一遍读的目的，一次比一次加深，一次比一次更进一层。把一本书读透了，把这一口井挖深了，再往宽广发展就容易了。

可能很多同学会有这样的疑问，虽然书看了很多但是记不住，有些即便记住了，在写作文的时候也不会用。这种现象常常发生，阅读是万万不能急功近利的，阅读对写作的影响不是立竿见影，而是潜移默化的。阅读的厚度往往决定了写作的深度和美度。阅读给予我们的是间接经验，而直接经验的获得，则要来源于生活。

（三）鼓励观察，让学生感悟生活，关注社会

生活是一切文学创作的源头活水，它包罗万象，充斥着不平凡的事物。看似单调、重复的学生生活，却也有着各种可以成为文学创作素材的东西。然而很多学生却在抱怨，我们的一天就是家到学校，哪有什么生活啊？学生也不是缺少生活，而是缺少对生活的观察和体验。繁重的课业负担、巨大的考试压力，让学生的感觉神经迟钝，也没有心情去感受其中的新鲜与生动。

在这一点上教师的启迪就极为重要。教师就应该鼓励学生多观察，多思考，事事过心，处处留意。小区里怒放的一树丁香是不是生活？那盎然的春意、浓浓的春情，不会触动你诗意的联想吗？广场上放风筝的孩子是不是生活？那纯真的童年、灿烂的笑容，不会勾起你金色的回忆吗？街角边孤独流浪的歌手，艰难行乞的老人，专注作画的少年，救危

扶弱的陌生人是不是生活？那些或沧桑或美好的瞬间，不会澎湃起你感情的潮涌吗？

要让学生知道"只要人有心，山川草木皆有情"。做个生活的有心人！不仅是要他们关注身边的人、事、物，还要把眼光放出去，关注时代、社会、国家、民生。引导学生从"小我"走向"大我"，从"当下"走向"历史"，从"只读圣贤书"的小情怀走向"忧国忧民"的大境界。像对食品安全、节能环保、和平发展等人类普遍话题的思考，都是非常好的作文素材。教师一定要让学生成为一个拥有生命激情和思维深度的人。

（四）培育思维，让学生打破套路，言由心生

人既有内部语言，即思维；又有外部语言，即人们写出来的字或说出来的话。内部语言决定外部语言，有了缜密的思维，才能有畅快的写作。学生的思维需要培育。

1. 发展学生的多样性思维

现在学生写作流行一些套路，三步作文法，万能作文法，七步定乾坤法。就像英语作文，基本句式是固定的，到时候根据题目，一改关键词就成了。这种模式化的写作方式将学生的思维牢牢束缚住。语文教学担当着培育学生思维的重任，而写作教学又是训练学生思维很好的平台。所以，身为教师，一定要解放学生的思想，不要给他们太多的限制，这样才能让他们言由心生，说自己真正想说的话，不要用公共话语、假大空的套话来代替学生的真切体验。

2. 不仅仅以主题论英雄

老师经常会说学生的作文立意不高，不要一说作文就拿立意说话。提倡在文章中抒写光明的、进步的、爱国的、高贵品质的内容，但并不等于除此以外写别的就不行。学生对人生的思考，他们的青春、懵懂、迷茫与困惑不都是很好的作文主题吗？

要使学生对写作初衷不改，从一开始学习写作就要小心翼翼地培养与爱护他们的才情与个性，给他们最充分的写作上的自由与最广阔的表现空间，让他们能尽情抒写自己的喜怒哀乐，表达对社会、人生、自然、历史、文化的本真的感受和幼稚的思考，不装饰地从写作中去享受思想与言语创造的乐趣，享受自我实现的成就感与"高峰体验"。

3. 作文中要力求表达自己对自然、社会、人生的独特感受和真切体验

今天我们提倡的是"生命作文"——敞开心扉，忠于自我；让灵魂到场，用生命写作。所谓生命作文，是表达生命的真实感觉，用整个生命去写作，是真性情的表露、流淌。爱是需要表达的，语言可以升华人的情感。面对着学生倾泻而出的"真性情"，教师也应该付出真心与真情。

（五）　重视评价，让学生感受尊重，获得提升

教师在评价学生的作文之前，一定要有这样的意识：一页单薄的纸上闪现的文字，不仅是文字本身，这背后是一颗颗细腻活泼的心灵，教师一定要把批阅作文的过程当作与学生隐性对话的过程、灵魂交流的过程。有的时候学生写出来的内容可能比较偏激，比较自我，比较浅薄，然而那却是他们自己灵性的抒发，是他们思想的体现，教师应该给予及时而合理的纠正，前提是对学生的文字持有一份真诚的尊重。

（六）　教师示范，让学生沐其才情，得其精华

有些教师指导学生作文滔滔不绝，头头是道，可教师指导完了，学生还是不会写。如果教师率先练笔，那么，他就知道什么样的题目适合学生，学生在审题、选材、立意、谋篇、分段、措辞，甚至运用标点等方面容易出现什么样的问题，教师便会有切实的感受和较为准确、较为深刻的见解。

一个老师是不可能把自己没有的东西教给他的学生的。教师自己会不会写作，对于学生的指导绝对是两种境界，一种是隔靴搔痒，一种是对症下药。所以，语文教师都应该有给学生写范文的意识和能力。学生看着老师和自己一起写文章，笔耕不辍，洋洋洒洒，会使得学生觉得亲切、真实，敬佩之情油然而生。

但是这里需要注意的是，教师的范文要符合学生的写作要求，具有示范性、个性和深度。很多学生就是因为老师的作文写得好，心生景仰才爱上写作的。现在的语文教师，一定要加强写作训练，让自己也能写出一手好文章。

二、写作教学的过程指导

学生写好作文的根本在于阅读积累、生活积累和情感积累，但这并不等于学生的写作可以无师自通，如果教师能够在学生有众多积累的基础之上，教给他们必要的写作技法和写作规律，学生的作文会更有章法。

（一）　写作教学的内容确定

1. 认真审题

题目是文章的纲领，也是写作的依据。文义欲求切题，内容也要相吻合，这都要从审题入手。需要小心谨慎地辨析题目的意义和界限，审题是为文的第一步。审题分为认清题目、审辩题义、把握重心、辨识文体、决定视角等五项。

（1）认清题目

题目上的每一个字，都是写作对象，要指导学生在读题的时候逐字认清读准，不可疏忽，有时候一时疏忽，匆忙下笔就可能出现离题甚远，甚至不知所云的情况。

（2）审辨题义

题义往往分字面意义与内含意义两层，先仔细审查字面意义，然后细细品味其内容。一般来讲字面意义比较容易发挥，所说的也让人一看即懂。但其深度一定不够，如果能体悟其内含意义，才能将文章写得深刻有思想。教师应指导学生深思，不可止于题面。

（3）把握重心

教师要指导学生对题目进行讨论，题目之关键所在，有的时候题目涉猎面很大，但是重心应该有所偏重，比如题目是"过生日"，那这个题的关键点就要落在"过"这个动词上，文章就要写清"生日"是在什么样的情况下或气氛中"过"的，都有谁参与，是怎样"过"的。

（4）辨识文体

题目属于何种文体，要让学生明确辨认，然后才能决定以何种方式写作，如议论方式、记叙方式、抒情方式等。一般通过题目，大致就可辨认其体裁，然而有一些题目是适用于多种文体的，教师应予指导，看写哪一种文体最为适宜。

（5）决定视角

写文章的视角很重要，只有视角确定了，才能去思考文章是以第几人称写，以什么身份来写，这些都将决定着行文的语气是否与整篇文章相适宜。

第一人称，如我、我们。给人以身临其境之感，便于拉近作者与读者的距离，使情境显得更为真切，也比较容易抒发情感和进行心理描写。

第二人称，如你、你们。不受时间和空间的限制，能够比较自由灵活地反映客观内容，有比较广阔的活动范围。作者可以在这当中选择最典型的事例来展开情节，而没有第一人称写法所受的限制。这种手法，一下子把"我"与"你"的距离拉近了，也把读者和主人公的距离拉近了，读时令人备感亲切。

第三人称，如他、他们、它、它们。这种叙述则显得比较客观公正，这是以一个冷静的旁观者的身份来进行叙述的方法。

2. 正确立意

审题之后，就要立意了。意有主意与分意，主意也称为主旨，就是文章的中心思想。所谓立意，就是指确立中心思想，一篇文章，头绪不宜繁杂，中心思想也最好比较集中。中心思想就是全文的重心，也是构思取材的依据，更是布置局势、划分段落的基础。没有中心思想，就像群龙无首，如果各执一意，其意必不分明。

分意就是各段各节的主要思想，这些都是用以阐明表述或衬托主旨，以使其成为一篇完整的文章体系。主旨是否明显有力，在很大程度上取决于各段各节的要旨是否周密扼要。所以，教师应该在指导学生审辩题义、揣摩内涵之后，分析研究，选择重心，确立其中心思想。从这个题目的前面、后面、正面、反面、侧面等四面八方探求不同意思，用以衬托表述主旨。

在立意的过程中要注意以下几点：

（1）切合题意

主旨是依据题意所确立的，这个主旨的确立一定要合乎题目要求，只有如此才算是真正的正确。表达出来的思想观点和感情要健康、积极向上，更要合情合理，令人觉得其立论正大，无懈可击。

（2）找准重心

立意须从题旨中最注重之处着手，可以领导全文，可以挈其纲领，令读者知全文精义所在。

（3）欲新尚巧

如果一篇文章的立意能做到"立人所不能立，言人所不能言者"，其立意一定新奇巧妙，但是不能为了巧而巧，哗众取宠，流于形式。

（4）出自内心

这种立意还一定要从自己的内心生发出来，完全来自肺腑，而不是人云亦云，套用现成的。所以，虽然是议论文，也是"吾手写吾口"，是自己的思考所得，这样的作文才能合乎真善美的要求。

3. 新颖构思

构思是在确立主旨之后，根据题目所做的思考、取材的活动。不同之材料，表现不同的意思，用不同的意思阐明、表述、衬托主旨，加强主旨的力量，明示主旨的地位，而构成一个完整的篇幅体系，这就是构思的功夫。

一般人作文构思，常见有两种方式：一种是信笔涂鸦，不假思索，提笔即写。写完上句，再想下句，写完上段，再写下段，写到不能写为止；一种是"成竹在胸"，先拟好腹稿，然后提笔而写一气呵成。第一种方法，直线进行，方法简便，但是东鳞西爪，前后不连贯，而且篇幅简陋，缺少周密的构思。第二种方法，先行打好腹稿，文义完整，面面俱到，而且循序写下来，毫不费力，比第一种要高明一些。但人之思绪，不容易把持，前段写成，后段可能已忘了，若不是长期训练，对这种方法特别熟悉，也很难写好。尤其对于初学者，并不适合。所以，这两种构思方式，都存在一定的问题，并不完善。那哪一种构思的方法较为妥善呢？

有一种方法称为"自由联想"。所谓"自由联想"，就是在确立题旨之后，按照题目开始四面八方地辐射，由事物表面推及内容，由正反、由前后、由因果、由上下、由大小进行各种联想，并将所想到的内容一一随手记下，其中包括与主旨相关的历史事实、贤哲名言、不朽诗句，或者将自己看到的、想到的、感受到的，三言两语，一句一句，随想随写，都记录下来。其实就相当于"头脑风暴"，把由这个题目所想到的所有东西都记录下来。然后将记在纸上的不同意思、不同材料，衡量轻重，加以整理，分析出重点，列出纲要，形成文章的轮廓，这就是"自由联想"的构思方式。这种方式，与前两者相比是有优势的。其好处在于：主旨和重点纲要先定，文义可以周密而不疏漏；文章有层次，有条理，知何者为轻，何者为重，较为生动有力；很多东西不是事先想到的，任凭灵感临时触动，文章也不至于那么板滞。

4. 合理剪裁

文旨确立之后，循题目的四面八方寻思索求，希望能够做到立意充分，用以阐述或衬托主旨。当思路敞开、想象飞驰之后，不同意思、不同材料，就会源源而来。然而，其中一定有一些不适于主旨，或不能表明主旨，不合于写作目的的材料，甚至有一些幼稚、浮浅、虚妄的材料，这都要进行裁剪，谨慎地取舍。否则，乱七八糟混为一谈，很难凸显其精神。

剪裁的目的，是删弃不适合的材料，留取合宜的内容，以衬托、表述主旨，令主旨清晰而生动。这都是构思活动之后，所不可省略的工作。选材须遵循以下几点：

（1）立意统一

材料选取，要和主旨相合，语意前后一致，才能阐明立意，表述思想，否则就会文义不明，让读者产生困扰。

（2）符合目的

作文一定是有目的的，不同文体，不同题目有不同的目的。目的不同，剪裁则亦有所重。你所选择的材料一定要为你的行文目的服务。

（3）意必己出

所用材料，最好选自亲身的阅读、体验或观察。如果有引述，一定要标明出处，不可为义而造词，或者将人与事假意组合与衔接，更不可抄袭窃取，以免文义生硬而不自然。

（4）繁简得宜

材料的繁和简，并没有必然的标准，不是越简单就越好，当然也不必故意弄得烦琐。

如果三言两语能说明白，不必非得长篇大论；如果一定要多些笔墨才能表述清楚，也不是一定要死板地限定字数，一切应以实际需要为依据。

5. 巧妙布局

剪裁之后所得的材料，加以安排，就可以写成文章，表述主旨，使文章丰满了。但是一篇优秀的文章，一定首尾一贯，前后呼应，层次井然，繁简得当，读起来生动有力。这都需要对所得材料进行适当布局，这是文章组织或结构的问题。

关于布局，向来有所谓的"四法"之说，即今人常说的"起、承、转、合"。将这四法大面积用之于行文，以作为文章结构的基本要求。"起"，即文章的起始；"承"，即承接起始之文句；"转"，转换另一说法，予以阐发；"合"，就是给文章做总结。

文章的开端是通篇的纲领，是一篇文章引人入胜之所在。如果文章的起笔合宜，则通篇顺势，以下就好写了。文章的开端通常有：点破题旨的开门见山法；一起笔即揭示文章主旨的重心法；列举相似的事例作为起始，然后引出正文的譬喻法；引用名人名言，作为篇章之首的引用法；以一问一答方式起笔的设问法；先从题之周围着笔，不直接进入本题，待时机成熟，再点出主题的冒题法；以相似或相反的比较做陪衬，以见主题的陪衬法；以记时间起笔本文的叙时法；以解说题文的说明法；提出相反意见，然后予以反驳，以提主题的反驳法；开端即表述自己之意见，以见知于人的议论法；于篇首即提出全篇纲领，然后分别叙述的纲领法。文章开篇的方法多种多样，在选择的时候要想哪种最能为其主旨服务。

正文，是一篇文章的主体部分，全篇结构是否紧凑有力，关键在于正文的安排是否得当。正文的方法，要与开端相配合，以自然顺势为主，其没有一成不变的方法，常见的有：演绎法、归纳法、递进法、正反法、虚实法、主宾法、追叙法、正叙法、插叙法、问答法、移进法、杂叙法。这些方法都是正文常见的布局方式。总之，正文的发展，并不是上述各项所能尽括的。方法的应用，也无一定之规，教师指导学生习作，应该从基本方法着手，还要注意到不同文体所采用方法的不同。

结尾，文章的结尾与开端，同样重要。好的开端，可以引人入胜，引起读者的注意；好的结尾，更能加深读者印象，增强表达效果，使之回味无穷。结尾常见之方法有：以议论总结上文，概括出中心主旨，在议论文中最为常用的总结法；回应首段，使前后一贯，相互照应的照应法；引用名人名言，略作发挥，以作结论的引用法；以叙述事实而不予论说评断，令读者自去想象体会的叙述法；以抒写主观情思作为结束的抒情法；以抒发感慨作为结束的感慨法；以疑问作结，造成悬宕，令人深省的疑问法；以提示意见，令对方了解或遵循的提示法。

通过以上的表述，似乎可以得出一个结论，文章的布局，既有固定的方法，也无固定的方法。有固定的方法，是就其通常意义而说；无固定的方法，是就其变化而说。所以，在写作教学之中，既要给学生一定的方法，让学生有所遵循，又不要让学生囿于这些方法，而被限制。

6. 学会分段

分段与标点的作用是相同的，可以让文章层次清晰，结构明了，使文章易于阅读，而且可以形成语势，增强文章的力量。学生习作，大多能分段陈述，然而有的分得不合理，有的分得不合适。教师对分段这个看似不起眼的问题还是要做一些指导的。

常见分段方法有以下几种：

①以时空为序：以时间或以方位、地势、远近的顺序划分。

②以论理为序：先起论、引喻证明，最后结论。或列举事例，然后归纳论断。

③以事物纲目为序：依已拟定的提纲，逐事逐物分段。

④以事理的发展为序：按原因、经过、结果等顺序分段。

7. 推敲措辞

构思之后，不同的意念与材料，都要借助文辞来表现。文章的基础，在于字句。在构思作文的时候，如何使语词适当，句意明确，以至于生动感人，都有赖于遣词造句。写作过程之中，遣词造句是和构思取材同时进行的。为什么在这里要单独列出来，目的是为了说明的方便，还有一方面就是，措辞也可以在成篇之后进行整理与润饰。因为在取材构思时，无暇去顾及文辞的修饰，意到笔随，要想真的让文章写得词采华茂，生动晓畅，也需要再度揣摩推敲才行。

在遣词这方面要注意的是：平时多积累和识记词汇，尤其是好词佳句，要有多阅读、多收取、多记忆的习惯，谁积累的词汇多，谁在遣词方面就会得心应手，左右逢源。不但如此，还要多体会词义，有些词的意义是丰富而深广的，除字面意义之外，还要体会其所包蕴的深层意义。在使用词语的时候还要注意配合情境。情境包括作者的心境、与读者的关系、文章的上下文、时代与地域的不同，以及习惯用法的差异等。在写作中，往往有若干词语意义相通，可以表现同一意念，然而因情境不同，遣词的时候，要审慎选择。为了让词义表现得更加灵活，还要提醒学生注意词类活用、修辞手法、文白相间、叠字运用、平仄韵律、一语双关等词类的新活用法。

造句的基本要求与遣词相同，重点在于意义明确，文句通顺，造句与遣词是不能清晰地划分出来的，遣词明确，则造句一定容易理解；词义晦涩，句子自然令人费解。在造句过程中要注意句子成分的搭配要符合语法规则，还要注意句与句之间意义上的衔接，使文义通顺。

综上所述，以上的七大项目：审题、立意、构思、剪裁、布局、分段、措辞，是作文教学中教师所必须指导的内容。至于指导的时间，可以在写作之前做扼要说明，也可以在平日范文的教学中随机指示，或另辟时间做系统的指导。

（二）写作训练的方式选择

对学生进行写作训练的方式多种多样，灵活多变的方式不仅会让学生在体验不同写作方式的同时增加学习写作的兴趣，更会让学生了解不同方式的特点和要求，以开阔视野，发展思维。

1. 单项作文训练

这就是通常所说的小作文，主要是针对学生在写作过程中出现的具体环节进行局部或片段训练。比如，学生的作文普遍存在命题随意或题目不新颖的问题，老师就可以进行"让作文题目亮起来"的专门针对题目的训练；比如，学生的作文中只是叙述，缺少生动的描写和有深度的议论性语句，教师就可以进行表达方式的综合运用的训练。让学生将叙述、描写、抒情、议论放在一起做综合训练，或者直接针对作文的立意、命题进行训练，对于提高学生作文中的文采进行训练，等等。这种训练针对性强，一次作文解决一个问题，目的明确，篇幅短小，易操作，见效快。

2. 命题作文训练

这是一种传统的作文训练方式，老师给一个既定命题，学生课后完成。教师会在作文课上进行统一讲评。这种方式的优点和缺点都很突出。优点是目标一致，学生行动统一，教师好评好改；缺点是不易激发学生的写作兴趣，体现自主性。甚至这种统一要求的题目会让学生无从下笔。

这种统一命题的作文，教师还要考虑到学生的心理特点，应符合学生实际，尽可能地贴近学生的生活，让学生有话可说。在命题的时候也尽可能给学生多一些选择性，可以在几个题目中选做一个；或者在题目给定后给一些提示语，帮助学生去发散思维，多一些思维的延伸和拓展。

命题作文的写作要注意如何抓住文题中的"题眼"，确定写作重心；如何注意题目前后的提示语，挖掘题目内涵；如何找准材料的切入口，便于引发人生哲思等。

3. 半命题作文训练

半命题作文既有所限制又留有空间，在立意、选材、构思等方面给学生适当的选择余地。半命题作文训练的形式很丰富，最常见的形式就是把题目补充完整。通常有如下形式，"只是因为＿＿＿＿＿"，在下面三个词中选择一个补充完整"那本书""那条路""那个人"；"藏在＿＿＿＿＿中的精彩"，在下面词中选择一个补充完整"书本""故事""诗词""竞争""节日"等词语中选；有的还用了复句形式，增加了思维的深度，"因为＿＿＿＿＿，我更＿＿＿＿＿"。

除此之外，还有续写、仿写、改写、扩写等。这些与阅读紧密结合的作文训练方法，不仅拓展了语言文字的训练面，而且极大地激发了学生丰富的想象力和潜在的创造力。

4. 材料、话题作文训练

材料、话题作文是现在最常见的作文考试形式，而材料作文和话题作文还是有一定的区别的。

（1）审题上

材料作文要求行文的主旨要与材料吻合；而话题作文强调的是和材料"有关"。

（2）文体上

材料作文常常有明确的要求，一般以写议论文为主；而话题作文淡化文体意识，一般没有特殊限制。

（3）结构上

材料作文中的"材"是必须使用的，如果是议论文，材料还应放在文章的开头，作为引出论点的依据；而话题作文所提供的材料不是必须使用的。

（4）思维方式上

材料作文的写作多为"线性思维"，考生的认知趋同现象比较严重；而话题作文则是"发散思维"，这种开放性的思维方式可以使考生充分发挥创造力，从理论上讲，这样的写作更尊重创作主体，更好地体现了语文学科的人文性。

5. 想象作文训练

作文的创新，离不开丰富的想象。要提高学生的创新能力，必须发展他们的想象力。加强并拓展想象作文的训练是作文教学中的重点。

6. 研究性作文训练

顾名思义就是把"研究"的方式方法引入中小学作文教学，让学生在作文中不仅学习如何用语言去表达思想感情，而且在教师的指导下对自己感兴趣的问题进行深入的探索和研究，并以文字的形式把自己的研究成果反映出来。这就与现行常见文体的写作有了较大差异，它的目标不仅是提高学生的写作能力，更是要培养学生研究问题的习惯和意识，进而教给他们终身学习的能力。其中，设计写作训练专题是学生进行研究性写作的第一步，也是培养学生研究能力的关键环节。

研究性作文题目，考查的绝不仅仅是学生的写作技巧，更多的是学生的思想，对问题的认识，个人的理解和判断，这是更高一层级的写作。

7. 自由作文训练

在所有的作文训练中，学生最愿意写的应该是日记、周记或是随笔了。因为，这种作文不受体裁、题材、题目的限制，学生想写什么就写什么，想怎么写就怎么写，想写多少就写多少。这种自由的形式，让学生可以表达最真实的情感。有时候学生也会将自己乍现的灵感，瞬间的体悟，一时的情绪写在上面。如果学生感觉不知道写什么，教师可以帮助提供以下方向，比如美丽一瞬、家庭记事、心灵独语、友情传递、读报有感、新闻点击、世事杂谈、人生感悟等。这种作文与其说是作文，不如说是学生成长的见证、生活的表达和心路历程的书写。老师在学生的周记、日记和随笔上的批改要尤其注意，少一些说教，少一些要求，少一些技法的指导，多一些鼓励，多一些理解，多一些关心。让自由作文训练，成为学生成长的家园，成为师生沟通的桥梁。

三、中小学写作活动的设计与实施

如同阅读教学要以"学的活动"为基点，写作活动也应以学习者为中心，其训练序列的构建、活动内容和方式的选择、写作空间的拓展、活动过程的展开，都必须切入"学情"，以激发和保护学生的写作兴趣，发展学生的写作能力，强化"交流读者"的写作意识，通过写作培养学生的健康人格。这正是基于标准的写作教学的追求。写作活动的设计与实施，与阅读活动的设计与实施有相通之处。这里，只就写作的操作关键点做出说明。

（一）活动目标的确立

确定写作活动的目标，可以从这些方面思考：

①课程标准的一般要求；

②学习者分析，包括学习者需求、学习基础、学习困难，以确定学习起点；

③分析某次写作需要的基本知识，包括文体的知识、技巧或训练点的知识、读者的知识，明确"应知"内容并根据学情决定是否补充教授；

④写作环境分析，其中包括写作资源的分析，这一点比阅读活动环境分析更为重要。

陈述写作活动的目标，行为目标的方式将受到极大的限制。为此，"创造挑战性、有意义的任务""把学生的先前知识与经验关联起来"就显得十分重要，建议用"表现性任务"替代"行为目标"。

（二）写作活动的设计

未必成文的就是写作，写作活动具有多样性。按写作时间，有课堂写作、课外写作之分；按成果完整性，有片段写作、成文写作之分；按写作自由程度，有规定写作、自由写作之分；按写作文体，有实用类、论述类、文学类之分。此外，还有合作写作与独立写作，一般写作与文学创作之分。

（三）写作活动的实施

在传统"结果–文本"取向的写作教学范式中，写作活动的实施（构思、写作、修改）多不加以关注；"过程–作者"取向的写作教学，对过程的关注又易琐碎，所以我们主张"交流–读者"取向定位，化用另两种取向之长。

写作活动由写作任务驱动。但是，任何精心的设计都会在实施中遇到生成的问题，教师要及时掌握学生的学习状态、学生状况，给予学生针对性的指导，必要时打破原来的活动设计方案，对活动的内容、形式乃至于活动的目标做出一些调整。这种调整，需要教师将学生的写作过程细化，或将写作过程分解成若干要素或能力点，在具体的写作活动中，以体现教师对学生写作过程的指导。

（四）写作的评价——评分规则

最传统的作文方式，大概都是学生写，教师批（改）。作文批改的方法，有书面批改、当面批改，有全面批改、重点评改，有普遍批改、轮换批改。讲评的方式，有综合讲评、典型讲评、对比讲评、专题讲评、经验交流等，而其讲评内容，大体包括基本情况、思想内容、表现形式等方面。

我们并非全面否定批改，但确乎存在一个有趣的现象，学生乃至教师并不是都明白"怎样的作品才是好的"，这与作文技能的复杂性有关，也与缺乏这方面研究有关。可以引入表现性评价技术，开发评分规则，让学生清楚明了每次作文评价的标准，有意识地运用于准备、写作、修改、交流、反思，将评价牢固地镶嵌于写作教学的全过程，以改进学生的写作表现，提高写作教学的效率。

评分规则如下：

1分：对话题材料的理解错误，没有提炼出话题的焦点，未考虑多方立场与观点，未明确自己的立场与观点，相关的理由与材料很贫乏。

2分：对话题材料的理解基本正确，提炼的话题焦点存在较大偏差，未考虑多方立场与观点，自己的立场与观点比较含糊，相关的理由与材料比较贫乏。

3分：对话题材料的理解基本正确，提炼的话题焦点存在偏差，能考虑多方立场与观点，自己的立场与观点比较明确，有较多相关的理由与材料。

4分：对话题材料的理解正确，提炼的话题焦点切合题意，能充分考虑各方立场与观点，自己的立场与观点明确，有比较丰富的相关的理由与材料。

5分：对话题材料的理解正确，提炼的话题焦点切合题意，能充分考虑各方立场与观点并挖掘其中观点的隐含假设，自己的立场与观点独特，有丰富的相关的理由与材料。

第四节 综合性学习的设计与实施

语文课程具有综合性、实践性，除阅读、写作之外，还有听、说以及超越单一的读写听说而呈现一定综合性的学习活动。

一、语文综合性学习概述

中小学语文综合性学习，是新课程改革过程中，基于过去对语文课外活动的有效延伸与拓展，是学生语文素养养成的重要途径。

（一）语文综合性学习的意义

开展综合性学习的意义在于将过去单一、枯燥的文字学习，更多地融入日常生活当中去，在强调学科整合、实施跨学科学习的同时，让学生动脑动手，激发其学习的热情与兴趣，使学生在潜移默化中感受文字的魅力、语言的魅力，在不知不觉中提高学生的语文素质与素养。

1. 加强语文课程内部联系

在组织学生进行综合性学习的时候，应加强语文课程内部的联系，如对学生听、说、读写能力的渗透培养，对学生质疑和探究能力的培养，三维目标的落实达成，等等。

2. 加强与其他课程的联系

综合性学习的课程设计，自然会加强语文学科和其他学科的联系，比如在综合性学习过程中，会整合到数学、科学、美术、音乐、体育等多种学科，通过多学科的渗透，从而体现出其综合性、实践性和实效性。

3. 加强与生活的联系

开展综合性学习，就要将学生学习语文的场所，放置于生活的环境中，让学生感受到生活中处处有语文，语文无处不在。同时，要让学生学习生活中的语文，学会运用所学知识，来解决、处理生活中的问题。

4. 促进素养协调发展

在学生进行综合性学习的过程中，要更多地关注于学生个性与共性，学生对语文的学习兴趣、良好的学习习惯以及习得相应的语文学习方法，从而更加有效地促进学生语文素养的协调发展。

（二）语文综合性学习的目标

中小学语文新课程标准明确了各学段综合性学习目标。

第一学段的学习目标：

①对周围事物有好奇心，能就感兴趣的内容提出问题，结合课内外阅读，共同讨论。

②结合语文学习，观察大自然，用口头或图文等方式表达自己的观察所得。

③热心参加校园、社区活动。结合活动，用口头或图文等方式表达自己的见闻和想法。

第二学段的学习目标：

①能提出学习和生活中的问题，有目的地搜集资料，共同讨论。

②结合语文学习，观察大自然，观察社会，书面与口头结合表达自己的观察所得。

③能在老师的指导下组织有趣味的语文活动，在活动中学习语文，学会合作。

④在家庭生活、学校生活中，尝试运用语文知识和能力解决简单问题。

第三学段学习目标：

①为解决与学习和生活相关的问题，利用图书馆、网络等信息渠道获取资料，尝试写简单的研究报告。

②策划简单的校园活动和社会活动，对所策划的主题进行讨论和分析，学写活动计划和活动总结。

③对自己身边的、大家共同关注的问题，或电视、电影中的故事和形象，组织讨论、专题演讲，学习辨别是非善恶。

④初步了解查找资料、运用资料的基本方法。

从各学段目标不难看出，中小学语文综合性学习的目标定位：

1. 培养兴趣

将学生对语文的学习放入其日常生活中去，激发其好奇心和求知欲，让学生在生活中去感受语文，学习语文。

2. 学会观察

让学生对大自然及自己的家庭生活、学校生活及周围的现象进行认真观察并通过观察，产生疑问，从而培养学生的质疑和探究能力。

3. 开展活动

通过开展丰富多彩的相关活动，从简单的参与到后来的策划，让学生参与其中，增强其动脑动手的能力，同时通过相应的讨论交流，提高其明辨是非善恶的能力。

4. 收集资料

从中小学阶段开展，有意识地通过综合性的学习，培养学生收集、整理资料的能力，让学生能通过多种方式获取相应的信息，不断完善和丰富学生的课外知识。

5. 恰当表达

要让学生通过口头、图画或文字的方式，表达自己的观点、看法、认识，通过组织策划相关活动，增强其组织协调、总结、提炼的能力。

二、语文综合性学习的基本类型及特点

认真阅读相关教材，仔细分析中小学语文综合性学习的内容设置，不难发现其主要有以下几种基本类型及环节设置：

（一）语文综合性学习的基本类型

从学生学习生活的环境，以及语文知识、能力的获取途径来划分，语文综合性学习可以分为以下几种类型：

1. 文本拓展

综合性语文学习是对学生语文课堂的延续，在中小学语文教材中，从内容到形式都具有很强的典范性。在综合性学习中，就是要从文本开始，以课文内容为立足点挖掘综合性学习主题。许多内容还具有丰富的知识性和深刻的教育性，为语文综合性学习选题提供了广泛的丰富素材。

2. 家庭生活

学生的生活，更多的是在家庭中和亲人的相处。在综合性学习的主题确定中，即可以家庭生活为主题来进行设计，比如以"我爱我家"为主题，让学生围绕我家的位置、我家的房子、我家的亲人、我家的特色等开展绘画、小报、写作等方式的综合性实践活动。

3. 走进社区

社区也是学生生活中不可缺少的场所。在社区生活中，学生既享受到社区生活的丰富，也能从社区生活中去感受社会生活的缩影，在综合性学习中，就可以社区生活为主题来设计相应的实践活动。比如，以"生活与环境"为主题，开展相关的活动，如发起相应的保护社区环境的倡议书、对居住小区的花草树木进行分类、制作相应爱护花草的标语、开展拾捡垃圾、清洁环境的活动，撰写相应的调查报告，等等。

4. 亲近自然

让学生投入大自然的怀抱，感受一年四季变化的脚步，以春天为例：让学生听听春的歌，看看春的美，读读春的诗，画画春的景，写写春的儿歌、童谣、作文，等等。只要我们贴近学生生活，抓住闪光点设计综合性学习，就能激发学生学习的兴趣。

5. 了解社会

社会生活广阔天地，是语文学习取之不尽、用之不竭的源泉，我们要善于引导学生从生活中的鲜活事实中有机进行综合活动。例如，节假日来临，学生可根据从各种媒体所获得的当地旅游信息和自己所亲身经历的旅游经验，开展以设计一份《家乡最佳旅游路线》为主题的学习活动，推荐当地的名胜古迹，介绍当地的风俗民情、民间传说，描绘旅游景点，特色餐饮、小吃，新开发游览项目及合理的日程安排意见与建议。

（二）语文综合性学习的特点

1. 综合性

综合性是指在学习活动中既要体现出"知识和能力""过程和方法""情感态度和价值观"三个维度目标的综合，也要体现出对听、说、读、写诸方面的语文知识与能力的综合，还要关注语文课程和其他课程的综合，学生学习方式的综合。通过多种综合，促进学生语文素质素养的提升。

2. 活动性

活动性，是综合性学习的重要特点。活动性强调语文学习与生活的联系，活动的范围包括学生学习和生活的各个方面，要通过活动去促进听、说、读、写等语文能力。通过学生亲自参与活动，让他们学会分析问题，探寻解决问题的方法，培养策划、实施、参与、协调的能力及合作精神，通过活动掌握知识和运用知识，使他们明白语文无处不在，生活处处皆语文，并引导学生学会在各个领域里运用语文知识，在运用中进一步爱上语文学习，从而学好语文。

3. 探究性

课程标准指出，综合性学习是培养学生主动探究、团结合作、勇于创新精神的主要途径，实施综合性学习，应"特别注重探索和研究的过程"。强调探究性要求重过程、重体验，综合性学习的课程目标一般不是指向某种知识或能力的达成度，而是提出一些学习的活动及其要求，主要指向"过程"。

4. 自主性

综合性学习特别注重探索和研究的过程，应突出学生主体的自主性。从活动的选题到设计，到环节的组织安排、小组的分工，以及在活动中遇到问题的处理，到学习结果的呈现方式方法，活动的评价总结，教师都应该充分地尊重学生的意愿，做好引导、点拨即可。

5. 开放性

开放性主要体现在综合性学习的生活化，主要表现为学习时间和空间、学习内容的开放。学习时间，从课内向课外开放；学习空间，由学校向自然、社会拓展；学习内容，向书本外开放，既可以就教材中指定内容来开展活动，也可以结合相应的实际情况、在活动中自主选择学习内容。开放性还体现在学习方式以及评价方式的开放性上；学习方式可以自主选择，可以是观察、调查、访问、参观，也可以是讨论、辩论、演讲等。评价方式应可以多样化，可以做观察记录，可以办手抄报，可以运用相应的量表等，评价主体可以是老师，可以是学生，也可以是家长、社会专业人员，既可以自我评价，也可以相互评价。

三、语文综合性学习的基本理念及设计原则

在中小学综合性学习过程中，主要是让学生通过参与相应的学习活动，体现学生遣词造句、谋篇布局的能力，从而检验学生对语文知识的综合运用。

（一）语文综合性学习的基本理念

1. 突出学生自主

中小学语文的综合性学习，事先可由教师指导学生确定好主题，主要的内容及形式主

要由学生自行来设计和组织，由学生自己选择确定好组长，然后由组长根据学生的个体差异、特点等进行分工，根据分工开展好相关活动。整个活动的过程要充分体现学生的自主和全员的参与，要真正做到让学生人人有事做，事事有人做，充分体现学生的自主。

2. 强调学生合作

在综合性学习中，虽然有活动的分工，但更应该重视学生间的相互配合。要特别强调学生的合作，因为活动不是某个学生个体的行为，应该是团队合作的体现。尤其当学习活动中面对困难和问题的时候，就需要集合团队的力量，发挥大家的才智，才能得以实现。

3. 提倡课程整合

中小学综合性学习，不仅仅是语文学科单一形式的呈现，更多的是表现为多渠道、多学科的课程整合。学习活动中，既会有通过听、说、读、写表现的文字的渗透学习，也会有相应的数学、美术、体育、科学、社会、安全等，更会将学生德育及良好的意志品质、探究能力的培养自然融入其中。应该说，综合性学习就是新课程改革过程中多课程整合的体现。

4. 重视能力培养

在综合性学习过程中，要特别注意关注学生策划、组织、协调和实施能力的培养。从学生的活动开始，再注意关注学生主题的选择是否恰当，活动过程策划是否创新；在活动中，要关注到学生对活动的组织是否恰当，是否能够做到协调配合，是否能够做到有效实施学习活动的开展；在活动结束时，要重视引导学生及时总结、反思、提炼，促进学生语文能力的全面提升。

（二）语文综合性学习的设计原则

1. 发展性原则

语文学科的目的在于提高学生语文能力和素养，具体呈现为听、说、读、写的能力，这四个方面的能力将贯穿学生语文学习的始终。而综合性学习，则是培养学生这四个方面能力、发展学生语文素养的最重要的渠道。在进行中小学语文综合性学习设计时，要把发展性作为设计的基本原则予以体现。

2. 针对性原则

由于学生所在地域、家庭环境、年龄特点的不同，在进行综合性学习设计时，要做到有针对性。比如，针对城市中小学生，可以设计相应的农村方面为主题的活动让学生参与；而对于农村学生，则可以让其去探究一些城市方面为主题的内容，这样促进不同生活环境学生的相互了解，增强学生的适应能力。针对学生年级段的不同，在组织学生开展综合性学习的过程中，也应该对听、说、读、写四方面能力的培养有所侧重。在低年级段，更多的是对学生听、说能力的培养；中级段则逐步重视读、写的渗透；到高级段，就要做到四方面能力的有机结合。

3. 探究性原则

以学生为主体的综合性学习，不同于严谨的教育科研，不需要过多强调知识的系统性，也不需要特别强调结果的科学性，而要更重于学生的体验和感受；其重要意义在于让学生亲历过程。在实践过程中，要让学生自己带着问题与困惑，去发现学生以前没见过的，去体会以前从来没有感受过的，去探究学生自己心中的疑惑和问题。

4. 实效性原则

中小学综合性学习的设计，从主题的选择开始，就应该特别注意结合学生的学习、生活实际，只有学习熟悉的、身边的，才能让学生感兴趣，才会使得整个学习富有实效。在学习过程中的每一个环节，都应该避免形式主义，而强调该环节的设计要符合学生特点，适合在学习过程中使用，达到最佳的活动效果。在评价反思、总结时，也要讲究方式、方法，使评价成为激励学生乐于表达、勤于探究的重要途径和载体。总之，要在综合性学习活动整个过程中，努力做到每个环节都具有实效。

四、综合性学习活动的设计与实施

其原理和程序与写作活动最为接近，也要经过"活动目标和任务的确定→与目标匹配的评价与活动设计→活动的实施→实施与目标匹配的形成性和终结性评价"等环节。这里仅就关键点做些说明。

（一）准备阶段的要务

其要务有：①确定学习目标，并以此作为任务设计的逻辑起点；②描述活动情境，确保活动的真实性；③列出任务的清单和成果的形式，并核对任务与目标的匹配性；④提供活动支架，以确保活动的可行性；⑤合理分配并明确完成任务的时间；⑥考虑以参与式的方法设计评分规则，确保任务的反馈性。

为让我们的思考更全面，回答下面的问题是有益的：

①我的学科或学习目标是什么？

②本次综合性学习的主题及要发展的能力是什么？

③什么样的（口头或书面）成果形式能使学生很好地参与到活动中去？

④我是如何判断学生在活动中的表现好或者不够好的？相关的评分规则（量规）自己设计还是跟学生共同设计？

⑤为帮助学生获得最好的表现，我需要提供怎样的活动支架？我是否需要复习或者教授相关的知识和技能？

⑥何种类型的团队都能够在这个活动中表现最好？（例如成员数量、角色、职责）

⑦这个学习活动需要多少时间？哪些任务需要利用课堂时间？学生可利用的课外时间能保证任务完成吗？

⑧什么样的展示方式能够最恰当地展示学生的知识获取情况？（例如 PPT 演示、在观众面前演示、墙报和小刊物展示）

当然，这些问题只是举例。我们同样需要在实施的过程中通过这种自我提问的方式监控、调整活动，以求获得最大效益。

（二）安排多元化的学习任务

综合性学习要突出语文的"综合"，任务应力求多元化且保持任务之间的逻辑联系，以实现多重目标及效益的最大化。这里的多重目标，有显性的也有隐性的；有近期的也有长远的，有刚性的也有柔性的；既要抓住知识和能力，又要注重过程和方法、情感态度和价值观的教育目标。"安排多元化的学习任务"的提醒值得我们注意：

①任务本身要有趣、有挑战性，值得为之付出努力；

②问题答案是开放性的，解决的方案也多种多样；

③允许不同层次的学生做出不同的贡献；

④运用多种媒介手段来调动学生的看、听和触摸等感觉方式；

⑤要求学生使用多种技能和行为方式；

⑥有读有写。

（三）活动中的角色定位

在综合性学习活动中，赋予学生具体的职业或人物身份，面向特定"用户"，有助于学生获得"角色认同感"，顺畅地进入任务情境。如让学生作为"记者"就某一个事件或主题采访相关的人员，把采访的结果写成一则新闻报道，并把这篇报道投给当地的报纸或专业的期刊。

（四）提供活动支架（脚手架）

考虑周全的课程必须具备明确的学习目标、设计优良的脚手架。综合性学习是一种自主性很强的学习活动，脚手架显得更重要。语文综合性学习培养的是学生的语言运用能力，而运用能力更多地体现为程序性知识和反省性知识，即"怎么做"和"做得如何"（如评分规则）的知识。

（五）善于开发课程资源

课程资源一般分为素材性课程资源（如语文知识、技能、经验等）和条件性课程资源（人力、财力和物力，以及对语文课程的认知等）。语文教师是最重要的课程资源，不仅是素材性课程资源的开发者和使用者，而且自身也是课程实施的基本条件资源。

综合性学习活动与课程资源关系密切。贫困地区和薄弱学校的条件性资源可能要差些，但这不是"怠慢"综合性学习的理由，更无须妄自菲薄。山水间的民歌小调与大剧院的芭蕾舞剧，在语文课程资源上是同质的。

（六）综合性学习与单元设计

多数的综合性学习不是一课时所能承担的，往往要经历课外与课内多个课时的运作。因而，从设计与实施的时间单位来说，与"单元（专题、项目）设计"最为接近。有两种单元编制方式：一是"目标—达成—评价"方式（阶梯型）；二是"主题—探究—表达"方式（登山型）。后者或将成为世界课程发展的主流。

"主题—探究—表达"的单元设计着力于组织"探究""表现""交流"的活动，这就是所谓的"3E 的活动构成"。这种单元设计的设计与实践，国外积累了丰富的经验。有学者梳理了学校教育中基于 21 世纪社会角色而开发的综合学习（跨学科学习的单元学习）的六种模型，可以开阔综合性学习与单元设计的视野。

调查研究单元模型：

①观察与考察；

②编制调查计划；

③实施调查作业；

④展开交流与实践；

⑤编撰报告；

⑥交流研讨；

⑦自我评价。

综合表现单元模型：

①作品鉴赏；

②决定表现题材；

③收集相关信息；

④编制脚本；

⑤制作作品；

⑥上演作品；

⑦作品评价。

社会参与单元模型：

①见面座谈；

②问题分析；

③收集信息；

④活动的选择与计划；

⑤志愿活动的准备；

⑥志愿活动的实施；

⑦自我评价。

企划实践单元模型：

①凝练梦想与希望；

②设定目标与问题；

③收集信息；

④制订规划；

⑤筹备与展示；

⑥实施与运营；

⑦项目评价。

合作交流单元模型：

①同对方交流与切磋；

②交流计划的共同决定；

③信息的收集与交换；

④作品的制作与分享；

⑤发表会与评议会；

⑥成果的共同评价；

⑦网络的拓展。

自我实现单元模型：

①编写自传；

②发现自己的成长与课题；

③自我分析；

④评议活动；

⑤明确自己的梦想与希望；

⑥成长发表会与成长展台；

⑦设想未来的愿景。

这些单元模型具有如下特征：

①以作业与制作活动为中心展开学习；

②主动地展开项目的规划、运作与评价；

③基于"问题意识"与"目的意识"，实现自身的想法；

④展开"社会参与"与作品创作的实践活动；

⑤通过体验，掌握综合的知识、技能与态度。

第四章 语文教学管理

第一节 语文教学过程

一、语文教学过程概述

语文教学过程就是语文教学活动从开始到结束的全部过程，教学过程可以划分成几个相对独立又紧密联系的核心环节，是教学活动纵向推动的流动程序。

一般来说，语文阅读教学有一个基本的展开模式：导入课堂—整体感知精读研讨—拓展延伸—总结收束。阅读教学基本遵循这样一个内在规律。在语文教学实践中，形成了一些比较著名的教学模式，举例如下：

一是三段六步模式。自动主义阅读教学程序的主要特征是自动主义指导下的三段六步。"三段"即理解、练习和发展，其中每个阶段又分为两步，共"六步"，即预习、整理、比较、应用、创作、活用。有学者认为自动主义阅读教学，以学生的自动学习为中心，形成了"促—测—导—用"循环往复的教学过程。它深刻揭示了阅读教学的本质过程，并为阅读教学提供了科学、简明、易于操作的程序。

二是三阶段模式。三阶段模式注重培养学生的自学能力，认为最优的教学过程是指"教是为了不教"，主张将语文教学过程划分为"预习—课内报告与讨论—练习"三阶段。

三是四步模式。"预习报告结果—分述文义—研究情思与文笔—口问或笔试"的语文教学过程。这是一个极具语文味的教学过程，既给予学生充分的训练，又始终穿插教师示范性的启发讲解，形成了师生共同研究、玩味语言文字的氛围，从而达到对课文语言文字透彻的了解和切实的欣赏。

四是三主四式。"三主"是教师为主导、学生为主体、训练为主线；"四式"包括自读式、教读式、作业式、复读式，是贯穿学生阅读过程的科学的、合乎规律的有机环节，反映了语文教学过程的普遍规律。

五是五步模式。五步模式可以概括为"熟读—质疑—解疑—总结—运用"。

六是六步模式。"六步"主要包括定向、自学、讨论、答题、自测、自结，六步教学模式注重培养学生的自学能力，更多的是从如何让学生学好、如何让学生会学、怎样让学生从学会的角度出发，依据学生学习的规律构建教学模式。

当然，语文教学模式还有很多，这些教学模式为教师设计教学提供了很多思路。但是阅读教学的展开从来没有一个固定不变的模式，总是随教学目的、内容、情境、学习对象等因素的变化而变化。千篇一律的教学过程很容易挫伤学生阅读的积极性，因此在教学设计和实施中都应该灵活运用，切不可固守成规。

二、语文教学过程的设计策略

语文教学过程的设计往往是花费授课教师时间最长的。教师是教学过程的主要驱动力，语文教学过程的环节设置与课文的解读有密切的联系，每个环节都是师生基于课文的互动。

（一）导入

万事开头难，上课也一样。设计一堂课的开头，我们称之为导入。导入是教学过程的起始阶段，一段通过某些教学行为，吸引学生的注意力，激发学生的学习兴趣，或让学生明确学什么，为什么要学，或建立新旧学习内容之间的内在联系，引导学生转入新课学习。

美国心理学家奥苏贝尔（Osubel）提出了有意义言语学习理论，这一理论为导入方法设计提供了心理学依据。有意义学习有三个必要条件：第一，学习者必须对学习任务采取一种有意义学习的心向；第二，要学习的材料必须是潜在有意义的，即学习任务和学习材料应该是互相关联的、有组织的；第三，学习者对所学内容有一定的了解，并能够把这些已知的知识和要学习的新内容联系起来。课堂教学的导入，就是设法引导学生形成有意义学习的心向，通过学习新知识的背景材料，搭建一条把学生的已知信息和将要呈现的信息连接在一起的桥梁，形成有意义学习的条件。

学习兴趣是学生对学习对象的一种力求认识或趋近的倾向。这种倾向是和一定的情感联系在一起的，是形成学习动机的重要因素。"知之者不如好之者，好之者不如乐之者。"因此，教师要在课堂的开始阶段，针对学生年龄特点和心理特点，精心设计导入教学环节。

注意力是学习的必要条件，而分心则是学习的大敌，因此，在教学的初始阶段，不少教师在导语设计上细细揣摩，再三斟酌，以便通过某些教学行为来消除其他课程的延续思维或课外活动形成的心理杂念的干扰，把学生的注意力迅速集中到该课的学习内容上来，使学生饶有兴味地投入到新的学习情境之中。

基于以上论述，导入可以采用如下几种方式：

1. 开门见山，明确目标

从现代教育理论来看，上课开始阶段让学生明确学习目标，有利于发挥学生学习的主动性。例如，有学者就主张告知学生学习目标，这样做有利于学生为学习做好准备。开门见山地提出目标，能够让学生高效地进入课堂学习。

2. 复习旧知识

复习旧知识即温故知新法，目的是建立新旧知识之间的联系，这也是日常教学常用的导入方法。比如，执教苏轼的《水调歌头》，有教师这样导入：走进古诗世界，我们惊讶地发现，这里处处有月亮的影子。从小学到现在，我们学过许多有关月亮的诗歌，现在请大家回忆一下有关月亮的诗句。学生分别说出"举头望明月，低头思故乡""海上生明月，天涯共此时""春风又绿江南岸，明月何时照我还"等诗句。这位教师在教学的起始阶段引导学生回忆以前学过的有关描写月亮的诗词，目的是帮助学生建构起有关月亮的文化内涵，在更广阔的时空背景下去研读该诗词，其起点更为高远。

3. 介绍背景知识

所谓背景知识，是指与课文内容相关的背景材料，如作者生平、时代背景、写作背景等。阅读心理学研究表明，阅读理解是背景信息和课文信息交互的结果，背景信息、课文信息是决定阅读理解的重要因素。由于学生知识经验和生活经验欠缺，有时候需要教师补充一些背景知识供学生参考，为学生后续学习做好铺垫。

不过背景知识介绍切忌胡子眉毛一把抓，没有甄别地将与选文有关的所有背景材料全部在导入阶段介绍给学生，这样不仅不能起到为后续学习进行良好铺垫的作用，反而会混淆视听。所以介绍背景知识也需要考虑导入环节是否为最好时机，不可生搬硬套，须灵活处理。

4. 创设情境

利用形象的画面、逼真的场景等方式创设与教学内容相适应的情境，可以感染学生，诱发其好奇心，激发其兴趣和求知的欲望。

除此之外，还可以采用谜语和诗词导入、故事导入、设疑导入等方法，在导入过程中，也可以灵活地将几种导入方式综合，以获得最优化的导入效果。总体来看，导入须有针对性，让学生明确将要学什么，怎么学，为什么学，不能含糊其词，任意发挥；要有启发性、趣味性，最大限度地吸引学生的兴趣；同时，要有关联性，导入一定要为教学目标和教学内容服务。

（二）收束

课堂收束是课堂教学的最后一个环节，指教师和学生一起通过归纳、总结、转化、创新、实践等方式结束教学任务的一种教学活动。语文课堂教学不仅要有一个生动的、让人印象深刻的开头，也应该有一个让人感到余音回绕、不绝于耳的精彩收尾。语文教师上课，犹如写文章，凤头、熊腰、豹尾均是必不可少的。

课堂收束与课堂导入具有诸多相似处，换言之，凡前面提到的导入方法，基本上都可以用于收束。

1. 总结式

这是最常用的一种收束方法。教师用准确精练的语言，对教学内容的重点和难点提纲挈领地归纳和总结，使学生明白知识线索，巩固知识内容，加深理解，强化记忆，牢固地掌握所学知识。这样的收束有利于形成知识系统，加深学生的印象，起到强化和深化的作用。

2. 呼应式

写文章讲究起承转合、首尾呼应，以显示构思之精妙。一堂好的语文课也可以首尾呼应，使整堂课浑然一体。课堂收束部分可与课堂导入时设置的问题、悬念、困难、假设等进行呼应，是问题则解决问题，是悬念则释疑，是假设则证实。这种结尾方法具有点题性、呼应性、完整性、统一性等特点，能使学生豁然开朗，激起学生进一步学习的兴趣。

3. 激励式

激励式收束即从教材的德育因素与学生思想特征的结合点入手，用富于激励性的语言，激发学生的感情和思维的结尾方法。

4. 拓展式

拓展式收束是根据讲课内容引导学生由课内向课外拓展的一种收束方式，能丰富学生的语文经验，开阔学生的视野。比如，在学习完《祖国啊，我亲爱的祖国》这首诗后，教师做小结：《祖国啊，我亲爱的祖国》洋溢着深沉而真挚的祖国之爱，表达的是热爱祖国这个古老的话题；从《诗经》到《楚辞》，在中国历史上涌现出一大批锦绣满腹、才华横溢的爱国诗人，他们在诗中抒发的爱国之情是诗魂，构成了中国诗歌史上一道亮丽的风景。然后教师要求学生课外自读戴望舒的《我用残损的手掌》、郭沫若的《炉中煤》、艾青的《我爱这土地》、闻一多的《祈祷》《发现》《一句话》，实现了课内向课外的延伸。

除此之外，收束还有很多方法，比如在练习中收束、通过对比来收束、在讨论中收束等，语文课堂收束的技巧是丰富多样的。收束与导入一样，也可以综合起来灵活运用。总体来看，收束语言要精练，紧扣重点；要干净利落，或引发深度思考，或激发壮志豪情，或令人回味无穷。

（三）教学环节的设计

语文教学过程设计中，最关键、难度最大的便是教学环节的设计。一般来说，教学过程由一个个教学环节组成。为了便于阐释，可将教学过程分为外部展开和内部展开两个方面。所谓的外部展开，就是教学过程的各个环节之间的衔接。换句话说，其探讨的主要内容是环节与环节之间的关系。所谓的内部展开，就是每个环节内部师生与教学内容之间的互动。换句话说，它探讨的是在大的教学过程框架之下，每个环节内部诸要素之间的关系。

1. 关注教学环节的外部展开

安排教学环节可以遵循三个逻辑：一是课文的逻辑，一般来说，教学点出现在课文前边的，要安排在前；二是阅读的逻辑，阅读理解是非线性的，有时候读懂了后边的文字才能理解前边的内容，那么教学点的安排就要相应地发生变化；三是学习的逻辑，学生容易学会的安排在前，学习有较大困难的，安排在后。在进行教学环节设计的时候，要注意环节与环节之间的关系。就学生对语文教学内容的掌握来说，本身就有一个感知、理解、鉴赏、迁移、创造的纵向能力层级结构，所以语文阅读课堂往往以这样的能力层级形成递进式展开的教学过程，教学设计及实施中要努力做到环环相扣。

把握教学环节的外部展开有两个要点：一是教学点的揭示，即本课要讲解的知识点及关键词要能够清晰生动地呈现出来；二是教学点的延伸，即沿着关键词，扩大或加深知识点的涉及和运用范围，牵连出相关知识点或相邻知识点，这是形成学习迁移能力的关键。著名语文特级教师余映潮老师的"板块式教学"将教学过程提炼成几个板块："所谓'板块式思路'，就是在一节课或一篇课文的教学中，从不同的角度有序地安排几次呈'块'状分布的教学内容或教学活动，即教学的内容、教学的过程都是呈板块状分布排列。"教师可以多钻研名师课例，在平时的教学实践中按一定的逻辑关系将教学活动设计为几个板块，同时注意板块之间的衔接，有效地规避"流水账式"的教学过程，这对提升自己的教学艺术大有裨益。

2. 关注教学环节的过渡

教学环节的过渡，即在语文课堂教学的讲授过程中，不同的问题或教学内容环节之间的承上启下。它可能是一个词，也可能是一个句子，还可能是一个段落。语文课堂教学环节的过渡具有衔接性、定向性、诱导性等特点。

根据不同的标准，语文课堂教学过渡有不同的类型。从表达方式来看，有抒情式、描述式、说明式、议论式等。抒情式过渡一般运用充满激情的语言激发学生进一步学习的兴趣；描述式过渡可以使学生产生一种如临其境、如闻其声、如见其人的感觉，使学生获得美感，受到濡染；说明式过渡主要使用一些平实的说明性语言对上下文加以解释，突出它们在学习目标、学习内容、知识点等方面的异同与联系，以帮助学生理顺其间的逻辑顺序；议论式过渡通过对教学文本或教学过程加以分析证明，阐述某种道理，帮助学生晓事明理，使学生更易于把握文本及教学内容的实质。

根据教学环节的隐性或显性，语文课堂教学过渡的类型又可以分为教师显性驱动和教师隐性驱动两种。所谓教师显性驱动，就是教师以明显的指令推动学生由一个环节的学习活动进入另外一个环节的学习活动。比如，余映潮老师的课例，指令非常明确，一般用简洁清晰的语言推动环节的转换，使学生明确每一个板块的学习目标，所以板块式教学一般都有明确的目标指向。比如，余映潮老师执教的《假如生活欺骗了你》就是按照如下几个板块展开教学活动的。第一板块：阅读欣赏《假如生活欺骗了你》（欣赏普希金的诗歌）；第二板块：阅读欣赏《假如你欺骗了生活》（欣赏当代诗人宫玺的诗歌）；第三板块：阅读欣赏《假如生活重新开头》（自己作诗，欣赏邵燕祥的诗歌）。教学环节清晰有致。所谓教师隐性驱动，是指教师不向学生展示或提示教学目标，而是通过教学内容的逐步推进而实现教学目标。比如，特级教师王君老师的教学设计《老王》。第一部分：感受老王的"活命"状态；第二部分：感受杨绛的"活命"状态；第三部分：总结——活出生命的高贵。在每一个教学环节，教师均不明确地告知学生这个环节的教学目标是什么，而是将学习目标隐藏在师生对话、学生活动中，教学环节转换无痕。王格舟老师执教的《二泉映月》第一个环节是"发现一道风景"，第二个环节是"体验一段人生"。在完成第一个环节的教学任务之后，王老师提问：这一道亮丽的风景，阿炳看得见吗？（看不见）那么，当时的阿炳是一副怎样的样子？这样学生就很巧妙、自然地进入了第二个环节的学习，采取的也是教师隐性驱动的方式。

3. 教学环节的内部展开

在课堂阅读教学中，在每个教学环节内部，教师往往会根据学生阅读的实际情况将焦点问题或核心问题转化成符合学生阅读认知发展规律的几个阶段，教学环节内部呈现出"聚焦问题—学习活动（师生对话等）—得出结论"的基本规律，前一个问题得出结论之后再聚焦新的问题，如此往复，实现教学目标的达成。

第二节　语文课堂教学提问

一、课堂教学提问

课堂教学提问，是指在课堂教学中，教师根据一定的教学目的要求，针对有关的教学内容，设置问题，要求学生思考回答，以促进学生形成积极思维的教学方式。课堂提问作为课堂里沟通教与学的桥梁，是教师在课堂教学中应用最为广泛的教学行为和手段，是教师教学能力和教学技能的集中反映，直接影响着课堂的教学质量。

（一）语文课堂提问的积极作用

1. 集中注意力，激发兴趣

教学对话是课堂中师生互动的重要表现形式，教学信息在师生互动交流中共享共生。提问可以让学生集中注意力，提高课堂效率。问题设计立足课堂教学目标，把问题当作师生互动的中心，好的问题还能够激发学生的学习兴趣。

2. 提升思维品质

模式化的问题会导致课堂的僵化，形式化的问题会使课堂脱节，随意化的问题会造成课堂无序。巧妙的问题设计不仅能激发学生兴趣，让学生集中注意力，提高课堂效率，而且能启迪学生的思维。通过具有一定逻辑关系问题的层层推进，可以拓深学生学习的境界，引导学生寻找解决问题的方法，在解决问题的过程中提升思维品质。

3. 培养问题意识，发展创新能力

课堂是一个思维交流的场所，以何种序列流向何方、教学的向度和深度都与问题的设计密切相关。合理的问题结构是决定课堂效果的要素之一，好的问题能够让学生举一反三，培养他们的问题意识，发展其创新能力。

4. 及时反馈，调节进程

问题的设计和推进贯穿整个教学过程，支撑着整个课堂教学结构，将所有教学环节有

机统一起来。教学问题设计要关注问题与问题之间的序列和层次、问题与问题之间的搭配和张力，前后是否能形成认识的有机链，以及是否能形成推进效果，最终达成教学目标的。在实际教学过程中，应时刻关注学生解决问题的情况，随机调整教学内容，形成新的教学生长点，保证教学质量。

（二）课堂提问误区

1. 大而无当

这类问题往往很空泛，指向性不明确，提的问题不知所云，学生的回答也是不知所云。

2. 多而无序

还有一部分语文教师因过于紧张和焦虑，总是担心内容太少，于是设计过多的问题，对学生进行"狂轰滥炸"。一堂课下来，问题"遍地开花"，学生应接不暇。

3. 虚而无用

语文课的学习离不开对语言文字的赏析，但是有些课堂提问总是在语言文字的外围徘徊，不深入语言文字的学习。这样的模拟授课类似演讲，是教师的专场秀，看起来似乎非常"有文化"，但是学生往往处于比较被动的境地，语文课的特色也不鲜明。

4. 淡而无味

课堂提问设计中还容易出现的问题是对教学内容平均用力，且所设计的问题平淡乏味，缺乏创造性和吸引力。

（三）课堂提问要点

1. 控制提问数量，把握提问质量

一讲到底，被人们认为是"填鸭式""满堂灌"教学，是不可取的，而频繁的提问却往往借着"讨论式""启发式"的幌子而被人们接受和倡导，这绝对是一种误解。教师的提问次数应保持在一定的范围内。一节课的问题过多，势必面面俱到，不但烦琐费时，而且有可能湮没教学的重点和难点。

课堂提问成功与否，提问的质量是关键，问题的准确性、针对性、层次性和启发性是衡量提问质量的重要尺度。比如，在首届全国大学生语文微课教学竞赛中，有参赛教师对古诗《小池》（泉眼无声惜细流，树阴照水爱晴柔。小荷才露尖尖角，早有蜻蜓立上头。）进行模拟授课，提问：全诗围绕"爱惜"进行书写，请同学找找，你都看到了谁对谁的爱

惜？学生阅读古诗，很快找出来：泉眼对细流的爱惜，树荫对晴天的爱惜，蜻蜓对小荷的爱惜。这个主问题设计得非常巧妙，还能够围绕主问题展开丰富多彩的课堂活动，培养学生的想象力。比如，学生说出了蜻蜓对小荷的爱惜，参赛教师顺势而上，问学生：蜻蜓这么爱惜小荷，它会对小荷说些什么呢？这样的问题能够极大地激发学生学习的兴趣，培养学生的想象力，课堂效果很好。再比如，讲授古诗《示儿》（死去元知万事空，但悲不见九州同。王师北定中原日，家祭无忘告乃翁。），有教师抓住古诗中的"悲"字展开教学。顺次提问：诗人都已经是将死之人，他还在悲什么？他为什么悲？如何化解这种悲？通过这些主题的学习，学生感受到诗人强烈的爱国之心。问题数量得当，思路非常清晰，重难点也显而易见。

2. 把握时机，层层铺垫

有时候问题本身还不错，但是由于时机不对，课堂出现长时间停顿，教学氛围尴尬。因此，提问应该注意抓住最佳时机。有研究者认为提问时机的把握应是：提问于学生的疑惑处；提问于学生新旧知识的联系处；提问于教学环节的关键处；提问于学生思维的转折处。以上关于提问时机的列举，有的是从教学内容的角度来说的，有的是从学生思维的角度来说的。提问时机更多的是从学生的课堂表现考虑，因此更强调学生的思维特质，强调提问应该在学生思维转折处或者说在灵光乍现的前一刻，所谓"不愤不启，不悱不发"。这就需要教师在提问之前，做充分的铺垫，学生到了一种"箭在弦上，不得不发"的状态后，提问的效果会非常好。

3. 察言观色，巧妙应对

有效提问必须具备三个基本要素：选择适当的问题类型和水平；运用简明清晰的问题表达；提供适时恰当的反馈。教师如果对学生的回答无所适从，便会使课堂流程受到阻滞。曾有学者对专家型教师和新手教师提问进行过比较，认为专家型教师在课堂提问的频次、问题的层级、类型和教师行为介入等方面均比新手教师科学合理；专家型教师和新手教师在课堂提问的交互模式、提问的公平性和提问的惩罚性功能等方面均存在需要完善的空间。在候答方面，专家型教师也显得更为耐心、更善于引导。新手教师对提问之后的学生答案的回应，主要有如下几种表现。一种是比较好的状况，这部分新手教师能够进行有效梳理，能够针对学生的回答情况，进行分析引导。不过这部分新手教师数量非常少，可谓凤毛麟角。更多的新手教师会出现以下两种状况：一是置之不理、自说自话。他们的课堂掌控能力还不是很强，处于极度的"教学紧张期"。在师生对话中，基本上没有关注学生回答的内容，而是按照自己的教学思路往前走，生怕出现差错。二是简单呼应。这一部分新手教师能够在学生回答问题的时候给予一定的关注，在学生回答后能够做一个简单的呼应，比如，"说得很好""不错""还可以进一步思考"等几乎没有太多实际功能的简单评判，除了精神上的鼓励，并不能给学生有效的回应。特别当学生的回答与自己的预设相去甚远的时候，新手教师往往不知道如何对学生进行有效引导，教学往往陷入僵局。对于前一种新手教师来说，必须加强实战演练，多进行模拟授课，培养自己对课堂的驾驭能力。对于后一种新手教师来说，则应该有意识地训练自己对学生答案的梳理和分析，并培养及时有效进行引导的能力。比如对学生的回答进行梳理后，抓住其思维的不妥之处，进行有效点拨，及时采用追问、诱导、助答、转换等方式，引导学生产生思维的火花。

二、主问题设计

主问题设计是中小学语文主题教学的一种设计策略，是语文课堂教学中可以引动学生整体性、主动性阅读的最重要、最基本、最有效的问题设计。

（一）何为阅读教学中的主问题

好的问题能够达成一个甚至多个教学目标，能清晰阐明问题，引导学生关注重要的课程内容，并能让学生在规定的认知层面思考。在课堂教学设计时，应避免琐碎的问答，要设计主问题。如果从学生活动的角度看，主问题在教学中表现出这样一些明显的特点：其一，在课文理解方面，具有吸引学生进行深入品读的牵引力；其二，在过程方面，具有形成一个持续较长时间教学板块的支撑力；其三，在课堂活动方面，具有让师生共同参与、广泛交流的凝聚力；其四，在教学节奏方面，具有让学生安静下来思考问题、形成动静有法的课堂教学氛围的调节力。

（二）主问题设计策略

1. 抓住文章的关键词句设计主问题

抓住关键词句设计主问题是一个非常容易上手的办法。所谓关键词句，一定是选文的重点、难点、关键点。比如，肖培东老师执教《春酒》时提出了三个问题：这篇叫作《春酒》的文章写了什么？标题只有两个字，该怎么读呀？在文中找找看，支撑你这种情绪的文字在哪里？通过第一个问题引导学生完成课文初读，进行整体感知，第二个问题则起到巧妙过渡的作用，真正核心的问题是第三个问题。通过抓住关键句："我是母亲的代表，总是一马当先，不请自到，肚子吃得鼓鼓的跟蜜蜂似的，手里还捧一大包回家。""其实我没等她说完，早已偷偷把手指头伸在杯子里好几回，已经不知舔了多少个指甲缝的八宝酒了。""我端着，闻着，走来走去……抱着小花猫时，它直舔，舔完了就呼呼地睡觉。原来我的小花猫也是个酒仙呢！"让学生读懂春酒之乐；通过"一句话提醒了我，究竟不是地道家乡味儿啊。可是叫我到哪儿去找真正的家酿呢？"感受春酒之悲。这三个问题设计串起整篇课文的教学，既品析了语言文字，又体味了作者情感、升华了主旨。比如，《美丽的小兴安岭》是经典的总—分—总结构，主问题可以结合最后一段话设计为：为什么说小兴安岭是一座美丽的大花园，又是一座巨大的宝库？为了解决这个问题，学生既要统观全文，又要深入到字里行间，同时既可以通过该问题设计师生对话的教学活动，也可以通过它穿插朗读教学、语言文字品析等活动，是一个牵一发而动全身的主问题。

2. 抓住文体特点设计主问题

除了抓住文章关键词句设计主问题，还可以抓住文体特点来设计主问题。比如，《大自然的语言》是一篇事理说明文，首先便要明白文中所阐释的事理，可以提问学生：本文主要讲物候现象，你能概括说明什么是物候吗？为了体会说明事理的严谨性，可以提问："物候这一概念是如何一步步引出来的？文中说明物候现象来临的决定因素，采用了怎样的说明顺序？这样的说明顺序安排是出于什么考虑？"通过提问"该文运用了哪些说明方法"，可让学生理解文中运用了哪些说明方法。《百合花》中对小战士和新媳妇人物形象的解读也符合现代小说的文体特点。老师讲述《枫桥夜泊》时可以通过提问：愁眠的人看到什么、听到什么、感到什么？让学生找出诗歌中的月落、乌啼、江枫、渔火、钟声、霜满天等意象，这也是符合文体特征的主问题。

3. 抓住文章的主题设计主问题

余映潮老师执教《祝福》时的主问题设计别开生面：作者笔下的祥林嫂，是一个没有春天的女人，请同学们研读课文，证明这种看法。通过"没有春天的女人"这条"线"，"串"起了人物、情节、内容、形式、语言等课文内容的诸多"珠子"，也"串"起了课文阅读探究与欣赏的过程。此问题的设计，表现出教师对课文进行了整体处理，并从中提炼出了优美的教学线条，从而有效地简化了教学头绪，表现出一种高屋建瓴的设计风格，有着鲜明的整体阅读教学特色。张祖庆老师执教《穷人》时所提出的问题也是紧密围绕主题设计的，一共有两个问题：第一，穷人的"穷"表现在哪里？作者是怎样写"穷"的？第二，在"穷"的背后还有什么更重要的东西打动你？这两个主问题让学生充分感受到穷人物质上的困窘和精神上的富足。

4. 梳理学生的提问，进行主问题设计

当然还可以在课前利用各种平台收集学生针对某篇课文提出的问题，学生从不同角度

提出的问题也许是零散的、点状的、不集中的，有的问题甚至无效和毫无思维含量。此时便可以先采用小组合作的方式解决一部分低层次问题，然后梳理学生经过讨论也无法解决的问题。对于这些问题，教师需要进行整合，有时候需要提炼出主问题在课堂上进行讨论，这就是典型的以学定教。

三、语文课堂提问方法

课堂提问方法多种多样，比如铺垫提问法、追问法、迂回设问法、比较提问法、反诘提问法、分解提问法等。重点介绍以下几种课堂提问方法：

（一）铺垫提问法

所谓铺垫提问法，指的是解决某一颇有难度的问题时，教师在提出问题之前，先要对这个问题的相关知识加以概括或提示，让学生沿着已知与未知的联系去思考答案。这种提问方法既强化了已有知识，又降低了未知知识的难度，加强了新材料同旧材料的内在联系，使学生的思维有明显的倾向性。

（二）追问法

所谓追问法，指的是在某个问题得到学生的回答之后，教师顺着其思路对问题紧追不舍，寻根究底继续发问，这能够将问题引向深入，也是课堂教学中运用最多的一种提问方式。比如，在《触摸春天》中，教师提问：安静创造了哪些"奇迹"？学生很快就能够找出来：

①安静在花丛中穿梭。她走得很流畅，没有一点儿磕磕绊绊。

②她慢慢地伸出双手，在花香的指引下，极其准确地伸向一朵沾着露珠的月季花。我几乎要喊出声来了，因为那朵月季花上，正停着一只花蝴蝶。

③安静的手指悄然合拢，竟然拢住了那只蝴蝶，真是一个奇迹！睁着眼睛的蝴蝶被这个盲女孩神奇的灵性抓住了。蝴蝶在她的手指间扑腾，安静的脸上充满了惊讶。这是一次全新的经历，安静的心灵来到了一个她完全没有体验过的地方。

找到这三处句子之后，继续追问：这些句子的哪些词语告诉你这就是个"奇迹"？通过"奇迹"这个词引导学生深入进行语言文字的学习，凸显了语文学习的"语文味"。然后引导学生抓住"穿梭""极其准确""竟然"等展开学习，通过圈画重点词语、找近义词、积累词语、联系实际、指导朗读等学习活动来感受"奇迹"。

（三）迂回设问法

迂回设问法也叫曲问法，就是问在此而意在彼，教师的本意是解答甲问题，却并不直接问，而是绕个弯提出乙问题，乙问题的解决又以甲问题的解决为前提，所以只要学生解答了乙问题，甲问题也就迎刃而解。同样的问题，如果采用迂回设问法，学生就必须通过联想和推理才能解答，有利于激发其兴趣、训练其思维。

第三节　语文课堂教学管理

一、语文课堂教学时间管理

语文课堂教学活动是在时间中进行的，时间是语文课堂教学的重要资源，它具有不可替代性、不可贮存性和不可逆转性。能否有效管理语文课堂教学时间，是语文课堂教学质量的决定性因素。

对语文课堂教学时间进行管理，能最大限度地保证和提高语文课堂教学效率。一般来说，小学一节课是 40 分钟，中学一节课是 45 分钟，优化课堂时间配置，就是根据语文课堂教学的目标和重点，恰当安排教学任务、程序和方法，科学分配课堂时段和时间长度，实现时间与任务的最佳匹配。根据学生学习的心理状况，一个学时可以划分为四个时段。

上课开始 5 分钟为第一时段，是学生由上节课内容和课间休息向本节课学习过渡的时间，这个阶段的主要教学任务就是启动教学，对应课堂教学过程的导入阶段。通过组织教学、检查作业、复习上一节课的内容，提示本课学习任务和目标，创设学习情境等，引导学生集中注意力，调整心态，进入新的学习情境，为本节课的良性运行奠定基础。著名特级教师胡明道老师在执教《纸船》时，由于学生很难理解冰心出国留学含泪叠纸船这种情感，在导入环节设置了大海中的邮轮这个情境，让学生对留学背景稍作了解，为后面环节的教学做准备，所以导入环节用时 5 分钟。这属于导入用时较多的课例，但是由于背景理解对掌握后面的课文内容至关重要，这个导入时间是合宜的。

此后 20～25 分钟为第二时段，这是一节课的黄金时段，学生的注意力、心态、思维都进入最佳状态，这一时段是决定教学效果的关键，在这个教学时间段，一定要完成本节课的主要任务，突出重点，化解难点，切不可拖泥带水，久战不决，也不能喧宾夺主，以非重点内容挤掉重点内容，更不能把应该在这一时段解决的任务推至下一时段。胡明道老师执教的《纸船》的一个重要教学目标是让学生学会点评的方法，所以在第二个教学时间段，胡明道老师设计了"细读课文，学习点评方法"的教学环节，总共用时 20 分钟左右，有效地在黄金时间段突出了重点问题。

随后 10 分钟左右是一节课的第三时段，是高强度脑力劳动之后的疲惫、松弛和平静时期。在这一时段，不宜再将上一时段活动方式加以维持和强化，可以通过活动方式的转换，使学生新获得的知识得到巩固、运用和内化，或者用新的活动方式开启教学新境界。还是以胡明道老师执教的《纸船》为例，在学习完点评方法后，胡明道老师进行了两次学习活动形式的转换，第一次是让学生创作 MV，用时 12 分钟，第二次转换是让学生 QQ 连线冰心，与冰心对话。活动形式的转换，很好地激发了学生学习的兴趣，新的活动引领着学生继续探索文本，使他们对诗歌的意境和主旨有了更深入的理解。

最后 3~5 分钟是一节课的第四时段，由于临近下课，学生的注意力将会相对集中和适当强化，是学生注意力反弹的宝贵时段。要充分利用这一时段，或归纳总结，或点睛强化，或设置悬念，或拓展延伸，使学生留下鲜明的印象。胡明道老师执教的《纸船》在最后 3 分钟以学生齐读诗歌、教师总结升华结束课堂，让人回味无穷。

胡明道老师执教《纸船》的大致流程如下：

①导入（5 分钟左右）；

②初读课文（3 分钟左右）；

③细读课文，学习点评方法（18 分钟左右）；

④创作 MV（12 分钟左右）；

⑤QQ 连线，对话冰心（7 分钟左右）；

⑥学生齐读，教师总结升华（3 分钟左右）。

总体来看，胡明道老师的教学时间安排基本符合这个规律，整堂课时间的分配错落有致、科学合理，学习效果很好。当然，实施课堂教学时，也不可能死守规律，应该根据学生的实际情况，灵活调整。

二、语文课堂教学节奏设计

课堂教学节奏就是教师在课堂教学活动过程中富有美感的有规律性的变化，是贯穿于教学艺术审美结构中的内在律动，即指课堂教学内容的繁简、教学进程的快慢、教师行为的缓急、学生思维的张弛、学生心理的波动等所呈现出来的有规律变化的现象。不同的学者依据不同的标准，对教学节奏进行了不同的划分，一般来说，我们可以从教学内容的节奏、教学进程的节奏、教师行为的节奏、学生心理的节奏等方面进行讨论。

（一）教学内容的节奏

教师在讲授教学内容时，如果原封不动地按照教材文字的多少平铺直叙、不分详略、不按主辅地讲解，就会使学生如同嚼蜡，难以激发学生学习的兴趣。教师在驾驭和处理教材时，必须突出重点、抓住难点，做到有放有收、详略得当。这便是教学内容的节奏，从某种角度来说，也可以说是教学内容的选取。在教学内容的选取上，既要注意知识的连贯性与覆盖性，又要兼顾内容的阶段性和章节性，做到有层次、有章法、有主次、有坡度、有创新，不断激发学生的积极思维和强烈的求知欲望。

比如，余映潮老师在执教《济南的冬天》时，主要设计了两个环节：初读课文，文义理解；再读课文，美段细读。在"再读课文，美段细读"环节，余老师只选取了第三自然段进行教学，设计了四个问题：第一个问题是"给这段文字进行诗意的画面命名"，训练的是概括能力和语言表达能力；第二个问题是"圈出像线索一样贯穿全段的一个字"，训练的是对线索的理解能力以及对段落的分析能力；第三个问题是"说说'顶''镶'为什么用得好"，这是语言欣赏；第四个问题是品析"给山们穿上一件带水纹的花衣的表达之妙"。四个问题很好地落实了教学目标，在教学内容的节奏上体现了错落有致的韵味，突出了重点，化解了难点。

（二）教学进程的节奏

教师在实施教学活动时，须根据教学内容和学生的实际情况来适时操作和调整教学进程。节奏过快，会使学生思维不及、紧张疲劳；节奏过慢，会使学生思维松散、厌倦无聊；节奏单一，会使学生思维呆滞、索然寡味；节奏过于复杂，又会使学生应接不暇、难以静心。在教学过程中，要结合课堂教学实际和学生的承受力，有效控制整体节奏，比如，导入新颖简洁，展开舒缓活泼，高潮扣人心弦，结尾余音不绝，课的起始阶段犹如一篇文章的开头，需要反复斟酌，让学生的思想兴奋起来，课中要张弛结合，学得愉快，课的结尾力求余音绕梁，整个教学进程起伏有序，各环节具体实施又灵活变通，既要使学生学到基本知识和技能，又要使学生的智力和能力得以开发。

（三）教师行为的节奏

教师行为的节奏包括教师的语言、板书、眼神、表情、姿态、走动、演示等，根据教学内容、教学过程等情况不断变化，形成和谐的韵律和节拍。良好的教师行为节奏能够吸引学生注意力，取得更好的教学效果。

　　教学语言是教学节奏最直接的表现形式和调控工具，教师要想有效地调控课堂教学节奏，就需要锤炼自己的语言。就课堂教学语言的一般规律而言，讲述定义、概念时语速要慢、要平缓，描述情景、叙述事件要轻快生动，议论分析时要激扬有力，抒情时要真切感人，过渡要平稳简洁，总结要清晰明朗，起始要沉稳有力。一堂课中，如果能根据教学内容的需要变换教学语言，就能形成鲜明的语言节奏。从某种意义上说，语言的主要魅力就在于节奏，课堂教学的语言尤其如此。但语言的节奏一定要服从教学内容、教学过程、学生的思维和师生情感交流的需要。

　　教师可以根据听课状况适时调节声音变化，有时轻声细语，吸引学生侧耳倾听；有时用强而重的声音进行强刺激；有时又一字一顿刻意强调，以引起学生高度重视。教学语言随教学内容及表情达意的需要而变化，有时像涓涓细流潜入学生的心底，有时像优美的乐曲叩击学生心扉，有时又仿佛与学生促膝谈心。语音高低快慢适时，抑扬错落有致，再加上讲课时各种句式的变换使用，可以使语言极富美感。

（四）　学生心理的节奏

　　课堂教学离不开学生的思维活动。学生思维活动的质量如何，是衡量课堂教学效率的一个极其重要的方面。在课堂教学中，要使学生的思维活动呈现鲜明的节奏，就要努力寻求有效刺激。

　　注意力是心理活动对一定对象的指向和集中，在学习过程中起着重要的作用。上课初始阶段，学生的心理、生理各方面都有一个准备过程。倘若让他们思考难度较大的问题，接受高强度的思维训练，学生难以适应，可能会产生强烈的逆反心理，这就给一节课的教学投下了阴影，因而要结合课堂教学时间的规律，在第二、三个教学时间段设计较强的思维活动。有些课一开始就"冷场"，原因就在于教师提出的问题整体上难度较大，学生难以回答；优秀的教师上课，总是精心设计开头的问题，结合学生的最近发展区，难度适当，于不知不觉中激发学生学习的热情，为后面难度较大的思维训练创造良好条件。除此之外，还要注意强弱刺激的交替。课堂教学中，学生的思维活动一般都是在外界刺激下进行的。从思维的一般特点看，课堂思维训练的渐强也不宜是直线状的渐强，而应是在结合课堂教学时间规律，保证总体趋向渐强的基础上不断变化刺激的强度，以形成学生思维的鲜明节奏。可以是形象思维训练和抽象思维训练相结合，通常先形象思维后抽象思维。在课堂教学中，占据教师注意中心的不是关于教材内容的思考，而是对于学生的思维情况的关心。这是每一个教师教育技巧的高峰，每个教师都应当努力向它攀登。教师要在课堂教学中努力跟随学生思维的节奏，追求高质量的思维训练。

课堂教学随着一定的情感流动，学生心理的节奏也包括学生情感的节奏，尤其是文学作品的教学。如果在课堂教学中形成鲜明的情感节奏，就能使课文的内在表现力得到充分的外现，使学生的情感在律动中融入作品，使课堂教学产生最佳的艺术效果。课堂教学中的情感节奏不单单表现为情感强弱的变化，更表现为各种不同情感的转换和变化，如激昂、平静、愉快、悲哀、得意、紧张、悠闲、愤慨、同情等。这种情感的变化形成课堂教学的情感节奏，课堂教学的美育效果得以实现。课堂的情感节奏应和课堂教学内容的情感相吻合，当喜则喜、当悲则悲，如此才能更好地完成教学任务。需要特别强调的是，在课堂教学中，师生之间感情节奏应完全一致，教师应该用自己的情感唤醒学生的情感，只有如此，才会有理想的教学效果。

第五章　基于问题教学课型下学生核心能力的培养

第一节　发现问题与创新精神

一、培养学生发现问题的能力

在语文教学中，培养学生的分析问题和解决问题的能力，早已成为所有语文教师的共识。实践证明，只有善于发现问题、大胆质疑的人，才会在学习上不断进步，才能圆满地完成学习任务。

（一）发现问题比提出问题更重要

在语文教学中，培养学生具有分析问题和解决问题的能力这一点，早已为大家所接受，但同分析问题、解决问题直接有关的发现问题、提出问题的能力，这并没有引起多数教学同行的重视。其实，在人类思维中，发现问题是第一位的。

中小学生正处在长身体、长知识的时期，他们精力充沛，富有幻想，有着强烈的好奇心和旺盛的求知欲。他们不但会提出各种各样的问题，而且还常以自己能够发现问题而感到愉快。如果我们充分利用学生这种可贵的特点，培养他们的质疑能力，不仅能使学生钻研课文，主动地获取知识，而且能培养他们受用终身的自学能力。

在语文教学中贯彻的"以学为主"，提倡"读读议议"的教学方法之所以可贵，就在于它首先引导学生发现问题、提出问题，然后再分析问题、解决问题，体现了思维过程的连续性。"学贵知疑，小疑则小进，大疑则大进。"质疑的过程是学生逐步深入理解课文的过程。这是语文教学必须遵循的一条重要原则。

抓住学生学习中已知与未知的矛盾，是培养学生发现问题能力的关键。一般学生认为，语文一看就懂，似乎没有什么疑难。针对这种现象我们就要用"问题"激起他们的认识冲突。通过抓住学生之间不同的认识冲突，对发展他们的智力更有作用。他们之间不同理解的争论，实际上反映了各自在感知矛盾过程中知识和思维的差异。通过争论，辨清是非，学生会对问题发生兴趣，有利于调动他们发现问题的积极性。在争论中，问题不会使学生愁眉苦脸、望而生畏，恰恰能驱使他们的思想无所羁绊、纵横驰骋。这样，学生容易在学习的过程中产生求知的热情。

要鼓励学生深入地发现问题，教师除了抓学生在学习过程中的矛盾外，还应该善于设计一些对启发学生深入理解课文起关键作用的问题，对学生起示范作用，使他们明白，只有善于发现问题的人，才能真正善于学习，并不断取得成效。

在教学中，教师提出的问题，可以使学生在合理范围内展开创造想象，培养了他们深入地发现问题的能力，因此发展了他们深刻地认识问题的智力。

从长远的观点来看，培养学生发现问题能力的同时，还培养了他们的自信心。这就为达到"教，是为了不教"的理想教学境界开辟了道路，提供了可能。

（二）培养学生发现问题能力的方法

教会学生于无疑处生"疑"，与难而生疑、困而生疑不同，其可贵之处就是，它不以排难解困为满足，而以探理求源为主旨，继而有所发现、有所创造、有所前进。这对于培养跨世纪的创造型人才至关重要。怎样才能使学生于无疑处生"疑"，从而培养他们的发现能力呢？

1. 让学生敢疑

"疑"是思维的发动机。朱熹曾说："读书，始读，未知有疑；其次，则渐渐有疑；中则节节是疑。过了这一番后，疑渐渐解，以至融会贯通，都无所疑，方始是学。"这种无疑、多疑、解疑的过程就是主动地、积极地学习的过程，就是发现问题、提出问题、解决问题的过程。在这个过程中，"有疑"是个关键的环节。高水平的教师，常常为使学生"有疑"而绞尽脑汁，备尝甘苦，然而，要使学生"有疑"，首先必须令其敢疑，敢疑是有疑的前提。

要让学生敢疑，必须坚持教学民主的原则，形成一种师生关系十分融洽、学生乐于提问的良好风气。

为了建立和谐的师生关系，营造民主、平等、活泼、愉快的求知环境。教师在教学中要努力做到两个正确对待。一是正确对待自己，从不以为自己总比学生高明。试想，全班几十名学生的智慧加在一起，难道比不过教师一个人的智慧吗？为此，教师在教学中要坚持做到了"三不"，即遇到不懂的问题，不装懂，而是公开表态，弄懂后再讲；遇到讲错的问题，不遮丑，大胆承认，当众纠正；遇到与学生意见有分歧的问题，不强制学生服从，允许争议或保留。二是正确对待学生，始终树立学生是学习的主人及师生平等的观念，不训斥学生，不给学生的错误观点扣帽子，不无原则地强求师生的答案必须一致，久而久之，"道之所存，师之所存"的民主的师生关系，便得以形成，教学效果自然得到了优化。

要让学生敢疑，就不能迷信课本与权威，而应不法常可，主动探索，大胆怀疑前人之说，圣贤之言。

中小学语文教材中，多是名家之作，其注释经过许多专家学者的审订，无疑是值得相信的，但相信不等于迷信。教学中常常会碰到课本上的注释与其他选文中的注释不同，名家作品中，也出现一些读来拗口，不符合语法习惯的句子和一些含义深刻而又易于产生歧义的句子。学生对此生疑，若以"名家之言不会有误"为由，便会堵住学生生疑的苗头。时间长了，学生就会片面地认为，只要是课本上讲的就绝对正确，无须怀疑。这种思想会禁锢学生的思维，扼制学生的发现能力。正确的做法应该是：通过争论，辨明真假，以理服人，鼓励学生敢疑，并能表达自己的独到见解。

2. 教学生会疑

中小学生正处在长身体、增知识的时期，精力充沛，富于幻想，有着强烈的好奇心和求知欲，喜欢提出各种各样的问题，具备愿意生疑和能够生疑的心理基础。如果我们能够充分利用这些特点加以引导，那么，培养学生生疑的能力并非很难。

（1）自问生疑

善于生疑的同学多具有"打破砂锅问到底"的精神，他们对事物的认识不以只知其"然"而满足，总喜欢问个"为什么"，追理求本。

学生提出为什么，虽出自一人之口，但反映了多数学生的思考方向，容易激起学生探讨的兴趣。教师如果抓住这类问题，进行启发诱导，就会进一步激发学生探求的欲望，点燃他们发现问题的导火线，驱使他们的思路无所羁绊、纵横驰骋。

（2）比较生疑

有比较方有鉴别。只有通过比较才能区别事物间的相同或差异，从而发现问题、提出问题。

如预习《张衡传》一课时，就会有个同学提出，这课的注释对"六艺"的解释和一册课本《师说》中对"六艺"的解释为何不同呢？翻阅课本，果然如此。前者把"六艺"注释为"礼、乐、射、御、书、数六种学问和技艺"，后者则解释为"《诗》《书》《易》《礼》《乐》《春秋》六种经传"。预习《窦娥冤》一课，有的同学可能会想到《六月雪》，从而提出：这两个标题用哪一个更好呢？事实证明，学生提出这类问题，常常反映了他们在知识上的含糊不清。教学中，教师若能抓住这类问题，引导学生进行比较、分析，让学生在认识共性的基础上区别个性，这不仅有利于准确理解、灵活掌握知识，而且有利于养成学生在共性的指导下，去探求新的个性的创造性学习习惯，从而使学生发现问题的能力得到升华。

（3）求实生疑

文章是客观事物的反映，一个词、一句话，都有它所表示的客观内容，这种客观内容便是所谓的"实"。"求实"则是把文章中的词汇、语言、行动、情状与客观实际加以对照，看其是否符合，这就需要将作品与其反映的客观实际联系起来，下一番设身处地的揣摩、体味和推敲的功夫，深入研究，从而提出问题。

"有疑"才"有得"，有疑是有得的开始，是解疑的前提，是深入理解课文内容的结果。大凡能够在自学中发现问题、提出问题的学生，才是真正会自学的学生。古人云："学者贵质疑，小疑则小进，大疑则大进。"又云："于不疑处有矣，方是进矣。"这些话无不精辟地阐明，让学生学会于无疑处生疑，对提高学习效率，增强学生的发现能力和自学能力，培养学生的探索精神和创造才能极其重要，意义非凡。

二、培养学生的创新精神

创新是一个民族进步的灵魂，是国家兴旺发达的不竭动力。培养创新型人才是历史赋予学校教育的光荣使命。教师可以通过结合中小学语文学科教学特点，来培养学生的创新精神。

（一）课堂提问是培养学生创新能力的原动力

在课堂教学过程中，"提问"作为教与学双方交流与互动、传递与反馈的有效方式已被广大教师所认同并实践运用。"提问"将原本教师"满堂灌"的内容，设计成一个个问题，启发学生思索；将教师的授课重点、难点转化为一个个问题，调动学生参与，并最终达到解决的目的。"提问"是联系师生情感的纽带，是沟通师生认知的桥梁；它将教师的意图传达给学生，又将学生学习的情况反馈给教师。显然，课堂教学能否成为学生主体参与的、交互的、和谐的、高效的、完整的学习过程，"提问"起着至关重要的作用。它不仅仅是操作性的技巧方法层面的问题，还涉及教育思想观念。也就是说，"提问"的内容、形式、时机、难易度、发散性、创新（造）性、艺术性等，都应体现从"教授知识本位"向"培养能力本位"转变的现代教学思想。

其实，"提问"是人类探索未知的原动力。没有疑问，不善思索，就谈不上求知，也就无法做到有所发现、有所创造、有所前进。尤其是处在当今知识经济时代，知识已不仅是一定量的信息、概念，它更像是活生生的、正在呼吸、具有生命的有机生物，一个不断运动、变化、整合、发展的过程。面对"知识"的内涵与外延的演进，要培养 21 世纪具有创新意识和创新能力的高素质人才，仅凭"传授"与"获取"的单一渠道，显然无法适应时代的要求。因此，在教学中关注知识的动态，强调对知识的学习、运用、迁移乃至协作参与中的共享等能力，就显得尤为重要。这对教学的"提问"提出了革新的要求。也就是说，"提问"应作为参与、协作、沟通的桥梁，作为知识这一"动态液体"不断转变、融合、整合、构建的催化剂。

1. "提问"的重新定位——切中肯綮，点击关键

"提问"的目的究竟是什么？"活跃课堂气氛""促进教学交流""解决教学目标中的重点、难点""吸引学生注意"——种种考虑，不可谓不正确；但"简单机械的一问一答"，或游离学生参与的"启而不发"，或与认知规律脱节的"难倒学生"等情况，都未起到"提问"应起的作用。那么，"提问"的目的最终应定位在哪里？

"问"的本质是开启学生思维活动之窗，故语文教学中的"问"应定位在培养学生思维习惯、提高其思维水平、感悟语言文字的能力上。所以，教师在设问时要具有"以学生为本"的指导思想。如果说信息时代，成功来源于知识的掌握，那么在知识经济时代，成功将取决于智慧的掌握。新的思维方式不仅仅帮助解决我们目前的困境，它将把人们带向一个接近其更高憧憬的未来。教师的"提问"应成为创新思维的"催化剂"或"导航罗盘"，使学生在自身主动活跃的思维过程中得到提高。

例如，《琐忆》一文，教学设计不要仅停留在对七次谈话的圈定、概括上，这只是文章的骨架。作者在文中到底传达出了什么重要信息？是否分别从"俯首甘为孺子牛"和"横眉冷对千夫指"两个方面来展现鲁迅伟大的人格？鲁迅的坚定、不妥协的斗争精神已是尽人皆知，那么作者在文章中要诠释什么？这些问题恰是要将学生从一种思维习惯引导到更为深层次的思索中去，学生就会在思考中发现：七次谈话无一次是表现鲁迅的"横眉冷对"，而主要是他对青年如何循循善诱，是与敌人、错误认识斗争中的机智与深刻。文章所要表现的是鲁迅爱与憎的统一，是他作为一个伟大作家的敏锐、对真理的探索与追求。所以，文末作者的真情呼喊就顺理成章了。

2. "提问"的路径设计——曲径通幽，立体架桥

语文教学与思维训练总存在"距离感"：提问既要发掘文学经典超越时空的思想性与

艺术性，又要找准当代中小学生"接受"经典过程中的"距离"；用"提问"去"架桥"，是为了培养学生终身受益的思维能力。

（1）测定"坐标"，成功"导航"

成功的提问，如同导航，需要了解学生"身在何处"，又应"驶向何方"，然后才可借助于各种"导航"工具到达目的地。

从不同角度、不同层次的信息反馈，经过汇集、加工、交流、整合，学生的"定位"明确了，教师再带领学生阅读语文作品时应该设计什么问题，就有的放矢了。

测定"坐标"，在关注对课本理解的同时，还要把握学生的认知和思维规律。教师有的放矢，才能更好地培养学生善于温故知新的良好的学习习惯，使之学会整理加工信息，增强鉴别评价的能力，懂得贵在积累、升华认知；克服浮躁心态，使之终身受益。

（2）借助各种"导航"工具，到达目的地

教师的教学观念应该有所更新，"提问"不仅是设计路径，更重要的是使学生获取"导航"的工具——思维方法。

"提问"是教师创造性的劳动，但更重要的是帮助学生完成"路径设计"，使学生的思维参与到设问中，使学生体会探寻的过程。

3."提问"的价值所在——知识的阶梯，能力的基石

有人说，提问原本只是一种教学形式或技巧，但现代教育理论证明，形式或技巧本身并不能解决知识的获取与掌握，自己的思维过程才是构建知识的关键。个人的知识确实包括一定量的信息和数据，但是学生回忆不出读过的书本中包含的所有信息，也无法准确记起老师说过的所有的话，究其原因，在个人的知识体系中其实包含着大量的个性化的、独一无二的体验和记忆。所以，教学中的提问，更应侧重使提问的过程成为学生知识完善的过程，或者说，使提问本身成为一种认知的体验，融入学生知识、能力、素质的有机组成部分。

（1）将平面问题立体化，使一系列的问题形成一种爬坡式的整体感

如教授《蒲公英》一文，文体字面无难度，怎样设计"提问"，才能起到激发学生积极思维的目的？教师不妨设计一个以时间为横坐标、以作者情感为纵坐标的坐标轴，分别设计以下问题："在时间坐标轴上都发生了哪些事？""在感情坐标上，作者在不同时间与蒲公英产生了哪些情感的撞击、纠葛？""对于不同时间段里，作者眼中的蒲公英分别有哪些实在功用和象征意义？""本文语言上有什么深刻的内涵（可具体举出几句来讨论）？"顺序设问既符合学生阅读文本的思维习惯，又可以使文章从语言、表现手法、思想感情等多方面构成一个思维训练的整体，使学生的思维水平跨上一个新阶梯。

（2）在"问"中培养学生思辨的能力，学会质疑、解疑

创新意识与创造能力的培养，来源于求知者不断地质疑、发现新的问题，所以"提问"也须引导学生从思考到探讨、争论，让他们在寻求答案的过程中学会分析、思考。至于是否得出统一的答案倒显得无关紧要，因为提问的价值在于获得真正的智慧。

学无止境，教无定法。从"以学生为本"、师生互动的教学观与问题教学模式出发，"提问"正是今天教师应深思和探究的一个全新的课题。

（二）情境式提问的特点与类型

情境式提问是"通过语言的意义、声调、形象、感情色彩，激起学生的情绪、情感以及想象活动，把学生带入课文情境"的一种提问方式。它是提高语文教学质量与效率的重要手段。

情境式提问正如学生在接受提问、思考答问的过程中交替攀登的两个梯子，一个梯子代表认知行为和认知目标，另一个梯子代表情感和情感目标。通过交替地攀登这两个梯子，就可能达到某些复杂的目的，情境式提问正是使学生登上两个梯子，使学生的答问过程不只是单一的思维过程，而是伴有丰富的情感体验的认知过程，是一个情知统一的思维品质的提高过程。

语文课的情境式提问具有形象性、启发性、情知性三个主要特点。

1. 形象性

情境式提问中的教师语言具有形象化的特点。情境式提问中，教师运用具体生动的、形象化的语言阐述教材，创设教学情境，以此激发学习兴趣，强化学习效果。

形象化的引人入胜的课堂教学情境符合中小学生的心理需求。形象、生动的情境式提问有利于充分发挥中小学生"经验型"的思维特点。尤其是中小学生，他们正处于具体形象思维向抽象逻辑思维过渡的关键时期，形象化的教学情境，形象化的语言感染，有利于调动学生的学习兴趣，启发学生的积极思考，进而提高学生抽象思维的能力。

2. 启发性

情境式提问是一种启发性的提问。正如叶圣陶先生所说："作者思有路，遵路识斯真。作者胸有境，入境始与亲。"在阅读教学过程中，情境式提问能启发学生"遵路""入境""识真""识善""识美"，就展示教材、阐释教材而言，情境式提问所创设的语言情境就是引导学生走进教材之"境"的捷径。例如，教师在讲解《七根火柴》一课中，就可以这样提问："无名战士留给人间的最后话语是什么？留给人间的最后动作是什么？这里表

现了一种怎样的精神品质？"老师可以通过激情讲解来渲染课堂气氛，打开学生情感的大门，感染学生的情绪，启发学生去深刻理解教材丰富的内涵，去感受英雄人物崇高的情怀。

情境式提问的启发是把"情""境"作为沟通师生之间、学生与教材之间的桥梁，与由浅入深的推理启发不同。在情境式提问中，教师因情设境，融情于景，借景传情；学生则是触景生情，由境通情，入境识情。这种启发能产生"顿悟"的效应。

3. 情知性

情境式提问中语表情境的情感层面可分为三层：①教师对学生的情感；②教材中的情感；③教师对教材内容及其他社会生活问题的情感。这三个层面在特定的提问中，因教学目的的不同而交叉组合又各有侧重。当然，在每一个情境式提问中，都把创设情境与提出问题合二为一，都把让学生经历情感体验与使学生达成认知目标熔于一炉。例如，老师在讲解课文时可以给学生创设一个与作品中人物对话的情境，不仅对学生提出了思考的要求，而且使学生如临其境，如见其人，增强真切感。

总之，把学生带入形象化的课文情境，启发学生在认知与情感两方面得到发展，这是情境式提问的功能优势。而如何充分发挥情境式提问的功能，关键是在提问中艺术地处理教材信息。依据情境式提问中教材信息在语义层面中的不同处理方式，按提问中的教材信息的不同，把情境式提问分成四类：

（1）剪辑式

这类提问中的教材信息直接选自课文，并与课文原意保持一致。例如："万盛米行的先生对农民说话是有气无力，鄙夷不屑的，而万源祥等几家商店的伙计却不惜工本地叫着'乡亲'，同是在一条街上做生意的，为什么态度这样不同？"教师剪辑课文中两个不同的镜头，启发学生比较思考。这样的提问，创设了凸显教材重点的教学情境，有利于加深学生对教材的印象。

（2）朦胧式

这类提问中的教材信息来源于课文，却又不同于课文，而是根据教学目的的需要，将教材信息加工处理，使之呈现朦胧的状态。例如，"愚公到底是无能的，因为两座山结果是不是被愚公移走的。大家同意这种说法吗？"教师故意曲解教材，把认知的盲点摆在学生面前。这样的提问，创设了强化学生思辨能力的教学情境。

（3）演绎式

这类提问中的教材信息并非直接选自课文，而是课文内容的逻辑演绎，提问中的情境虽在课文内容之外，却又在合理想象之中，例如，"孩子这么小的年纪就去挖山，他的父亲同意吗?"教师杜撰了一个活着的"父亲"(教材中的"父亲"已去世),但是孩子的某些行为往往要征得父亲同意,是学生所熟悉的一种生活情境。这一问题情境的创设,贴合学生的生活实际。这样的提问,创设了发展学生想象力的教学情境,同时也巧妙地完成了既定的教学任务。

(4) 组合式

这类提问分课内组合与课外组合两种。课内组合,是指提问中的教材信息是由新授课文与旧课文的内容组合而成。例如,"大堰河勤劳、善良,古往今来,许多诗人赞美母爱,同学们能否回忆起母爱的诗篇?"教师以新授课文的内容为契机,引发学生温习旧知。这样的提问,创设了新旧知识融会贯通的教学情境。

课外组合,是指提问中的教材信息是由课本内容与课外读物内容(包括电视、电影、文艺节目)或现实生活内容组合而成。例如,这样一个教学镜头:某老师特意递给学生一块石板,在学生又摸又看的时候,老师扬起手中的竹棍,学生用石板一迎,老师就问:"像不像作者所写的当年情景?"(指魏巍《我的老师》中的情景)教者将实物模拟情境创设与语言情境创设有机地结合在一起,提问中的语表情境起了点化的作用。

课外组合式提问可分为显性组合与隐性组合两种。上例为显性组合,下例为隐性组合,提问中语意层面的教材信息一为明显,一为隐蔽。如某教师在教《俭以养德》一课时,问学生:"你们将来当什么官?"学生齐答:"清官。"教师的提问已经把学生带出了课文情境,但是与教材思想教育内容有着密切的联系,围绕着语文育人的总目标,将课文教学向课外社会生活领域扩展。这样的课外组合式提问易于引发学生的情感共鸣,是一种表为"远交",实为"近攻"的情境式提问,它有利于课堂教学的生活化。

情境式提问贵在一个"情"字,巧在一个"境"字,它让学生在答问的过程中既晓之以理,又动之以情。它活化了教学过程,全面提高了学生的语文素质。

(三) 语文课堂曲问的方式

游览园林,人们都追求曲径通幽之妙;临江而望,大都惊于波峰浪谷之美;欣赏作品,读者皆有"文似看山不喜平"之感。这种审美情趣反映到课堂提问上,学生总爱迂回灵活、引人入胜的提问,希望进入充满美感与活力的教学境界,激起心智与情感的浪花。因此,我们应提倡课堂曲问。

曲问,即迂回提问。它不从概念和定义出发,力避平直,而着眼于教学实际,力求问得灵活、具体、生动。它有较强的思考性,学生一般要多动脑才能作答,它符合人们的认识规律和青少年的心理特点,以其强烈的趣味性,引导学生由此及彼,不断步入新的求知境界，发展学生的创造性思维。

语文课堂曲问的方式，归纳起来主要有如下几种：

1. 以虚求实，虚实相映

这里的"虚"，是指在教学活动中，不从课文的字、词、句、章角度直接进行教学，而是虚拟与课文看似无关的问题，以创设情境、引发联想、启人心智的角度进行教学。

2. 变中求新，平中出奇

同一问题，由于问的角度不同效果往往大不一样，故提问应尽量回避"是不是""怎么样"等一般化、概念化的套路，变换出新颖的说法。分析《海燕》的文章结构，教师一般提问学生，全文可分为几个部分？每部分的意思是什么？但有的教师则一反常规地发问："这首散文诗是由几幅画面组成的？每幅画面上都有什么？请你说说看。"不难看出前者是按老路子提问，容易使学生感到厌烦，而后者则是别开生面，使学生感到新鲜有趣。

3. 引入矛盾，巧用对比

提问的目的就在于引起并解决学生认识上的矛盾，因此，如能在提问中直接引进对立意见，那么其效果必然显著。如分析《我的老师》中的女教师蔡芸芝，可提出：在作者笔下，她是一个温柔而美丽的深受孩子喜爱的教师形象，课文中却列举了一个发怒以至于要"打"学生的例子，这是否有损于蔡芸芝老师的形象，作者的用笔是否自相矛盾？这一问就无异于"一石激起千层浪"，会使学生大脑里掀起智慧的浪花来。

第二节　分析问题与解决问题

一、培养学生分析问题的能力

（一）问题教学的课堂心理环境

实施创新教育必须以课堂教学为主渠道。课堂教学效率的高低取决于教师、学生和课堂教学环境三大要素的相互协调。如果说教师和学生是教学活动的主角，课堂教学环境就好比是他们活动的舞台。课堂教学环境由物理环境与心理环境两部分构成，物理环境（如空气、光线、桌椅等）为课堂教学提供了物质基础，心理环境（如社会交往、学习气氛、人际关系等）则为课堂教学提供了心理背景。从创新教育角度而言，师生共同营造的课堂心理环境成了孕育学生创新精神、创新能力和创新人格的关键因素，需要我们高度关注和认真思考。

1. 问题教学需要适宜的课堂心理环境

毫无疑问，问题教学属于创新教育。创新教育旨在培养学生的创新精神、创新能力和创新人格。学生创新精神的提升、创新能力的发展和创新人格的形成，既不像知识一样可以通过传授而掌握，也不像技能一样可以通过训练而生成，只能通过培养而获得。如同自然界的生命需要适宜的生态环境一样，创新能力的种子要生根、发芽、开花、结果必须有阳光雨露的滋润，必定要求适宜的土壤和环境，课堂心理环境就是学生创新能力生成的最主要的环境，创造性本身就是一种宝贵的心理品质，它的孕育、发展和提升只能在与之相适宜的心理环境中才能实现。

众所周知，教育的构成有"教"和"育"两个要素，遗憾的是我们传统的教育更多地关注了"教"，而忽略了"育"。事实上，"教"和"育"同等重要，两者相互作用，彼此渗透，密不可分；"教"以"育"为目的，"育"因"教"而精彩。"育"的功能就是培养和抚育，包括创设良好的环境与氛围。"海阔凭鱼跃，天高任鸟飞"，正因为有"天"的高和"海"的阔，才会有鹰击长空、鱼翔浅底的壮观景象。

创新能力不是天才特有的专利，创新的种子埋藏在每一个学生的心田，每个人都具有创新的潜能。但是潜在的创新力转化为现实的创新力，必须有一个激发潜能、形成创新力的环境和氛围，只有在浓厚的创新氛围和有利于创新的环境中，才能实现对创新人才的培养。创新教育的重要任务之一，就是营造适宜学生创新精神成长与发展的心理环境。

2. 创新教育课堂心理环境的主要特征

课堂心理环境和氛围，对学校来说是教育观念和教育模式的标志性体现。以知识传授为目的的教育所要求的心理环境以服从、求同、纪律、秩序为主要特征；以知识创新为目的的教育要求学校营造出崇尚真知、追求真理的生机勃勃的精神氛围和心理环境。安全性与自由性、启发性与开放性、愉悦性与激励性、民主性与平等性构成了它的主要特征和价值取向。

（1）安全性与自由性

心理学研究揭示，创新是人的基本潜能，而身心自由则是创新潜能得以实现的基本条件，身心自由的获得来源于宽松、自由的环境。有利于创造活动的一般条件是心理的安全和心理的自由。所谓自由，就是不对学生的思维和行为实行限制，使其拥有自由表现的机会；所谓安全，就是不对学生独特的想法进行干涉，使其消除对批评的顾虑，获得创新的安全感。创新活动追求的就是标新立异、除旧布新；有高度创造力的人无论在观念或者外显行为方面都会表现出不同程度的偏离常规。如果教师不能营造一种心理环境来认可、理解和鼓励这些创新思想与行为，而像严格纪律与严肃秩序的传统教育那样对学生的新异思想、特殊行为给予否定，学生出于归属与安全的基本需要，就会放弃创新性的奇思妙想与独特举措而改弦易辙、随波逐流；其创新精神的火花不过是昙花一现，一去不复返。只有在充满理解与宽容的心理环境中，学生心理的安全和自由才能获得充分保障，学生的创新思维才能无拘无束地纵横驰骋、自由奔放。

（2）启发性与开放性

学生创新思想的涌现常常需要开放环境的启发和诱导，心灵与心灵的碰撞最容易激发创新的火花。课堂心理环境对置身于其中的主体具有"气氛效应"的影响作用，即容易使人们表现出与气氛相一致的思想和行为的倾向。例如，在定式气氛影响下，学生更多地表现为集中思维；在启发气氛影响下，学生彼此交流、相互启迪、独立思考、自由讨论、发散思维、创新思维可以得到最大的发展。

开放既包含了教学形式的开放、教学时间和空间的开放，也包括了教学内容、教学方式及教学途径的开放。开放的教学要利用一切可利用的教育资源，实现多样性、启发性的教学。同时，也要求教育者通过创新性的教学促进受教育者创新意识和能力的形成与发展，在师生关系、教学环境、个性发展等方面让学生拥有更大的自由度。开放性的课堂心理环境有助于开展批判性的研究、鼓励好奇心与冒险精神、倡导发现和探索，为一切超越常规的标新立异、奇思妙想，甚至是"荒诞离奇"提供了生长的土壤。

（3）愉悦性和激励性

在愉悦性的心理环境中，学习者情绪愉快、精神放松，有利于发挥学习的主动性和创造性，实现有意识和无意识的统一，并释放出巨大的学习潜能。在精神焕发、轻松愉快的心理状态下，大脑接受刺激的敏感度提高，大脑神经活动的灵活性增强，思维敏捷、触类旁通。现代心理学认为，个人的理智、情感、分析和综合，有意识和无意识不可分割，当它们处于最和谐的状态时，也是人的活动最有效的时刻，运用暗示手段可以激发个人心理潜力，提高学习效率，从而提高学习兴趣。

激励是一种带有积极情绪色彩的正强化，激励的氛围鼓励标新、倡导立异、推陈出新。时时处处都能受到激励和赞赏，学生就会经常体验到轻松感、快乐感和成功感，从而增强自主性和自信心，不断获得坚持创新的巨大动力。

（4）民主性和平等性

学生创造性的发展要求一个相互信任、相互尊重、和谐民主的心理环境：允许民主讨论、自由思考，每个人都可以忠实、自然、无修饰地表达自己，不唯书、不唯师、不唯上。在充满民主气氛的心理环境中，学生的创新意识得以激活，创新动机得以萌发，其独立性、自主性、创造性得到了空前的张扬，由此勃发出的创新精神和创新动机成为推动其从事创新活动的不竭动力。

平等性充分体现了人与人之间人格上的平等，没有尊与卑、上与下之分，每个人都是自己思维活动的组织者、创造者和欣赏者，每个人都可以独立自主地表达真实的自我、自由讨论、平等交流，对问题的看法只有观点的不同，没有绝对的正误。在平等性的心理环境中，束缚人们已久的传统精神屏障和禁锢被扫地出门，创新活动要求的自尊、自信等优良的心理品质被发扬光大。在这样的环境中，人的个性才能真正得以舒展，人的潜能才会真正得以发挥。

3. 如何营造问题教学需要的课堂心理环境

创新教育要求广大教师要转变教育观念，树立新型的教学观、教师观和学生观，营造充满生机与活力的课堂心理环境。

（1）建立互尊互爱的新型师生关系

师生关系始终是教学改革的核心，更是营造课堂心理环境的关键因素。"师道尊严"过分强调教师的权威，要求学生无条件服从，自然遭到了历史的淘汰。取而代之的"尊师爱生"，既继承了学生对教学的"尊"，又强调了教师对学生的"爱"，一直被奉为良好师生关系的代表和典范。但这种关系是单向的，强调了学生对教师尊重的义务与教师爱护学生的权利，忽略了教师对学生尊重的义务及学生对教师爱护的权利："老师有权利有义务，学生只承担义务不讲权利。"创新教育需要的新型师生关系应为"互尊互爱"。教师与学生是平等的朋友关系，角色关系平等，权利与义务对等。在这种新型的师生关系中，教师把学生看作是共同解决问题的朋友，以深沉而持久的师爱创设民主、和谐、积极、开放的课堂气氛，鼓励学生大胆质疑和创新，激发学生强烈的创新意识和动机，最大限度地开发学生潜在的创新才能。

（2）构建师生互动的立体沟通网络

传统的课堂教学，信息传递是单向的，从教师流向学生，教师在讲台上侃侃而谈，依据规定的大纲，传授现成的知识，学生在课堂上规规矩矩地坐听教师的讲授，所谓学习，只是接受、同化、记忆和再现教师传授的知识，学生座位分布呈现"秧田型"。这种模式几个世纪以来一直作为一种主要的教学形式被广泛地采用，却不利于课堂教学中的人际交往，不利于师生之间、生生之间的人际互动。小团体型的立体交往方式，即小组合作学习，更有利于师生之间、生生之间的交往与沟通。小组合作学习兼有个性化和效率高的优点，既考虑到经济原则，又适应了学生个性化学习的要求。有研究表明，一般小组以 5~7 人为宜，成员过多，学生参与活动的机会就少；成员过少，活动内容的丰富性以及成员之间的互补性就会受到限制。小组合作学习为每位成员的充分交流、自由交往、相互启发、彼此激励、民主讨论、平等协商提供了理想的环境。在教师的精心设计与细心指导下，学生的组内活动与组间活动会有机地融为一体，最大限度地实现师生之间、生生之间的彼此交往，使学生的创新意识和创新思维能够相互影响、相互激励，充分发挥师生互动的立体沟通网络巨大的育人功能。

（3）强化学生创新实践的积极体验

有人说，创造性是激励出来的，这话不无道理。根据条件反射原理，一种行为发生后如果得到了激励、肯定等正向强化，随后，这种行为出现的频率就会大大增加。同样道理，学生的创新思想和行为出现后，教师如能及时肯定、积极鼓励，就会使学生产生一系列积极的心理体验，如愉悦感、自豪感、成就感、自信感、自尊感等，这些积极的心理体验会成为学生今后从事创新活动的动力源泉。如果这些积极的心理体验反复得到强化，人的创新意识就会不断地喷涌而出，人的创新潜能就会不断地转化为现实的创新能力。教育实践中涌现出来的许多教育模式，如自信教育、兴趣教育、成功教育等，无一例外地都非常重视强化学生积极的心理体验。这些积极的、充满朝气的心理体验可以引发出学生较强的自我效能感，使之接纳自我、快乐自信、朝气蓬勃。个体之间的积极心理体验可以互相感染、相互激励、彼此启发，从而生发出高涨的创新热情，在成功的欢乐中大家携手共进，使课堂气氛充满创新的激情和活力。

（二）逆向思维对于培养学生分析和认识问题的作用

所谓逆向思维是指对司空见惯的已成定论的事物或观点，反过来想想的思维活动。逆向思维的过程也就是对人们意识中原先存在的习惯认识加以批判或否定的思维过程，其思维结果往往与习惯性认识相反，或是针对原先认为正确的认识有所补正，或是针对某种认识进行否定。用通俗一些的话说，也就是在人们习以为常的见解中发现一些不同的东西，当别人都在说好的时候，想想是否隐藏着不好的因素；当一些人都在谈论美的时候，思考一下其中是否隐含着丑的成分；当别人都加以否定的时候，再思量是否有值得肯定的一面。对事物做一番这样的思索，常常能独具慧眼，发人之所未发，言人之所未言，让人们耳目为之一新。

著名史学家顾颉刚在一篇谈治学的文章中讲道："对于别人的话，都不打折扣地承认，那是思想上的懒惰，这样的脑筋永远是被动的，永远不能治学。"这话很有道理。在班级中，有一部分学生不乏刻苦求学的精神，可是成绩平平，探究其原因，主要在于思维方式单一，学得呆板，学得被动。书上怎么写，他就怎么背；老师怎么讲，他就怎么听，思维不活跃，学得辛苦，收获甚少。因此，教师应在语文教学中常常有意识地引入一些逆向思维训练，以启发学生思路、拓宽学生思维方式的多元化、培养探求创新的能力为宗旨，改变那种被动接受知识的状况，就会收到良好的效果。

培养和提高学生分析问题的能力，是语文教学的主要宗旨之一。在教学中渗入适当的逆向思维训练，无疑有助于开发学生的思维，提高学生认识问题、分析问题的能力。

（三）语文课堂争议的价值

社会在发展，时代在前进，新事物、新观点也在不断涌现，孰是孰非，孰优孰劣，只有通过争议方能泾渭分明，争议的"功劳"可谓大矣！同理，语文课堂争议的教学价值，也是毋庸置疑的。

首先，课堂争议可以深化学生对教材的理解和认识。"灯不拨不明，理不争不透"，几乎所有课堂争议，只要教师引导有方，都是加深学生对课文的理解和感受的难得机遇。其次，争议的过程可以培养学生的逻辑思维能力。语文教材中的课文，是社会生活的画卷，而世界上的事物错综复杂、现象纷繁，学生理解教材的过程也就是认识事物的过程，而争议可以有效地推进对事物的认识，提高学生比较、思辨的逻辑思维能力。再次，争议可以最有效地锻炼学生的语言表达能力。争议的主要武器是语言，参与争议的学生，必然精神亢奋，注意力高度集中，智慧火花竞相迸射。一方面要透彻理解对方的意思，一方面又要及时组织好自己的言辞，务求清晰而富有说服力。这种具有现场交际特征的语言运用，对学生无疑是最佳的语言训练。最后，争议也可以激发学生独立思考、求异创新的能力。这是因为"争议"的基础是不同观点之间的争斗。它必然会引发学生独立思考，去探求不同见解的各自的依据。没有求异创新的思考能力，便很难奏效。不难想到，一个墨守成规或人云亦云的人是不可能去积极参与争议的。正是从这个意义上说，课堂争议对于培养学生的创新精神和分析问题的能力皆具有重要作用。

那么，教师应当怎样去组织课堂争议，充分发挥课堂争议的教学价值呢？

1. 激发敢于争议的精神

要充分发挥课堂争议的教学价值，首先要激发学生敢于争议的精神。学生的模仿性较强，相对地说，逻辑思维的能力较弱，容易形成思维定式和从众心理。

同时，由于传统教育的教师中心、灌输接受意识的影响，往往使学生不习惯去深入思考问题，强化自己的独到见解。所以，培养学生敢于争议的精神就尤为重要。在这方面的培养，应从"于无疑处求疑"开始，因为"疑"是"争论"的起点，有了"疑"而又能独立思考，敢于坚持自己的意见，才有了"敢于争议"的思想基础。

2. 营造便于争议的条件

争议具有普遍性特点。这是因为不同的人们对事物的认识总是千差万别的。在语文教学过程中，关键在于教师是否有保护学生独到见解的意识，而且善于把学生有价值的不同见解，适时引发为中心明确的争议，营造有利于开展课堂论辩的条件，以求通过争议更好地达成教学目标。例如，一位教师在教学《跳水》一课时，抓住一位学生提的一个颇不显眼的问题："如果孩子不跳水，父亲会不会开枪？"这样的提问就可以适时地引发一场课堂争议。

3. 培养善于争议的能力

争议的能力是一种综合能力，是由多种能力构成的，可以认为是反映了一种整体的语文素质。争议的结果，孰是孰非，当然取决于不同认识本身的科学性，但争议能力强，也是争议取得成功的必要条件。语文课堂上的争议，还有其特殊意义，即争议不是目的，只是一种手段或过程，目的是为了达成教学目标，提高学生的语文素质。因此，教师在争议活动中提高学生的争议能力，也就是在引导学生的语文学习，进行语文能力、思维能力的训练。例如，一位教师执教《将相和》一课时，以组织课堂争辩的形式开展深读活动。针对课文组成的三个小故事，教师总结出三个论辩题：①蔺相如会不会同和氏璧一起撞柱子，为什么？（"完璧归赵"）②在渑池之会上，秦国与赵国是打成了平手还是分出了胜负？（"渑池之会"）③廉颇到底有没有罪？（"负荆请罪"）这是三个极富"两可性"的命题，无论从正方或反方都可以列出一系列依据。这就大大刺激了学生深读课文的兴趣，在深读过程中为自己的观点寻找论据，进行逻辑思考，再用自己的语言把课文的含义清晰地表达出来。同时，还要注意倾听对方的论述，使自己的争议更具有针对性。显然这样的争议过程，对提高学生的综合语文能力是极具训练效果的。

4. 指点乐于争议的方法

不论从事何种工作或活动，都有方法问题，课堂争议当然也有方法。在教师的培养和指点下，学生掌握了争议的一般方法，就会更乐于参与争议活动。但争议要注意划清是与非的界限，探讨治与乱的原因，弄清联系和区别的客观情况，探究概念与对象的关系，权衡利弊得失，去解除心中疑惑。所有这些，无疑都是争议的方法问题，而驾驭这一切的一个最重要的方法，就是培养学生学会辩证地看问题。

5. 追求优化素质的效益

学生对课堂争议的关注，往往会集中在争议能帮助推进学生对课文的理解这一点上，这当然是不可忽视的，但争议的教学效益是多方面的，远远高于促进对课文的理解这一方面。如可以增强学生以理服人的意识，注重事实和根据，不搞强词夺理、臆造根据、偷换概念、人身攻击等不正当的争议手段；可以强化学生的心理控制能力，对持有不同意见的同学，不仅不抱对立情绪，不仇视不同意见者，而且能抱着容忍的态度，耐心倾听不同的意见，虚心接受其正确部分，这样既利于坚持真理，又勇于纠正错误；另外，还可以提高学生在争议中的美学修养，重视参与争议中的风度举止，使用文明礼貌语言，而那种指手画脚、不让人把话说完或吹胡子瞪眼之类的言谈举止，都是不可取的。从这个意义上看，课堂争议不仅有益于提高学生的综合语文能力，也有利于学生整体素质的优化。

课堂争议常常会使学生精神振奋、注意力集中、思维敏捷、兴趣高涨；正如击石取火一般，它对于增进学生的分析能力、语言表达能力、求异创新能力以及发展个性和潜能等方面均能产生奇效。

（四）要善于诱导学生回答问题

在运用"提问法"进行语文教学时，教师设计好课堂提问，对实现教学目标只走完了一半路程；从提问到答问的过程中，教师若不循循善诱，则常使学生畏难却步。那么，如何诱导学生答问呢？教师的主要做法可以是以下三点：

1. 引向纵深

如教师在讲《孔乙己》一文时，问学生："课文几次写到笑，都有不同的含义。其中有些人是以哄笑取乐的。想一想：为什么那些人对孔乙己这样一个不幸者嘲笑、取乐呢？"有学生会回答："他们缺少起码的同情心。"学生这样答，反映了他们的思路是从当代人和人之间的关系来思考的。教师再及时引导深思："同学们再想想，周围的人，特别是短衣帮生来就是这样冷酷无情的吗？"这就暗示了深思的路线：应从社会存在和人们主观意识之间的关系上来考虑。

2. 连点成线

诱导学生联系上下文关键句段、联系具体的语言环境思考问题。有时学生熟悉事物的现象，但不能找出事物的规律，教师必须把和问题有关的几个关键点从课文中找出来，缀点成线，引导学生找出事物发展的因果，从而学会全面分析问题的方法。

3. 绕道迂回

所提问题一搁浅，再启发也难以立即见效，可采取绕道手法。如在教学《〈白毛女〉选场》时，为了让学生更好地揣摩剧作家构思剧情的艺术匠心，教师可以提问："《白毛女》表现的是劳动人民的苦难,为什么在第一场戏中却着重写父女团聚的欢乐和他们对生活的愿望,还写了喜儿和大春的婚事?"问题提出后,很多学生回答时可能会"卡壳"。教师就可以引导学生这样想:"如果第一场戏写成一片凄凉,将喜儿写得哭哭啼啼,好不好呢?显然不如剧本现在这样好。杨白劳过年是悲惨的,可是添上一点喜色,以乐景写哀愁,反而显得更加悲惨,同时杨白劳更能赢得人们的同情,喜儿也更能赢得人们的喜爱,这样对于黄世仁,人们才更会燃起愤怒的火焰。"转换了思考问题的角度,学生很快就领会了剧本为什么这样构思。

(五) 培养学生解疑的能力

课堂上,学生不受约束地提出问题,请求教师解答,教师相机点拨、指导,最后反馈给学生,信息的出发点和归宿都在学生,确实体现了学生为主体的效果。不过学生质疑往往会在教师不经意的包办代替中,使有效提问变成无效提问,甚至把问题的空间缩小至零,从而掩盖了问题背后所能引发的知识迁移,这未免有些浪费。因此,让学生以质疑为贵、以解疑为荣,更能体现以学生为主体的效果,使学生成为一个实实在在的探索者。因此,在教学中提出通过质疑养成解疑习惯这一教学意义有如下好处:

1. 有利于激发学生的学习兴趣

兴趣是学习的最好老师,让学生做自己喜欢做且能做到的事,促使他们对学习产生浓厚的求知欲望。学生通过主动探索、亲身实践获取知识,不但提高了学习质量,而且掌握了学习方法,发展了思维,激发了学习兴趣,这是符合培养跨世纪人才素质要求的。

2. 有利于引发学习动机

学生自己发现问题,比教师主观设计的问题更能激发学生学习的积极性和主动性,消除学生学习上的依赖心理,使学生成为主动探索者,把学习的潜力挖掘出来。由于查询常常使知识拓展延伸,就像树上的枝杈会越来越多,因而能引发学生不断的探索和学习。

3. 有利于培养自己获取知识的能力

课堂教学向课外延伸,使学生有更多的自由支配时间,可到书店购书,可到图书室查阅资料,还可以向身边的长辈请教,甚至还可在网上收集信息,给他们更多的时间和活动空间,让他们自由去解疑。这样对培养学生独立探索能力、解决问题的能力都具有重要作用。如果能让学生"靠自己能力"去学习,让学生学会自主学习,就有利于学生形成独立自主的健全人格。

4. 学生主体地位得到充分尊重

他们搜集信息,扩大教学内容,然后在班上进行交流,资源共享。这样做,既充分利用课程资源，使语文教学更贴近生活，又使语文教学增加了时代信息。这是提高学生语文素养的必经之路，也是造就跨世纪人才的必由之路。

二、培养学生解决问题的能力

问题解决，是个体克服生活、学习、实践中新的矛盾时的复杂心理活动，其中主要是思维活动。教育心理学着重研究学生学习知识、应用知识中的问题解决过程。

（一）关于问题解决的几种观点

由于问题解决是复杂的心理活动，可以从不同的方面、不同的角度加以分析，因此心理学家对问题解决的见解也不尽相同，其中主要有以下几种观点：

1. 问题解决过程中的阶段性

问题解决有明显的四个阶段：

①发现问题。我们生活的世界时时处处都存在着各种各样的矛盾，当某些矛盾反映到意识中时，个体才发现它是个问题，并要求设法解决它。这就是发现问题的阶段。从问题解决的阶段性看，这是第一阶段，是解决问题的前提。发现问题不论对学习、生活，还是创造发明都十分重要。它是思维积极主动性的表现，在促进心理发展上具有重要意义。

②分析问题。要解决所发现的问题，必须明确问题的性质，也就是弄清楚有哪些矛盾、矛盾的哪些方面以及它们之间有什么关系，以确定所要解决的问题要达到什么结果，所必须具备的条件、其间的关系和已具有哪些条件，从而找出重要矛盾、关键矛盾之所在。

③提出假设。在分析问题的基础上，提出解决该问题的假设，即可采用的解决方案，其中包括采取什么原则、途径和方法。但所有这些往往不是简单现成的，而且有多种多样的可能。但提出假设是问题解决的关键阶段，正确的假设引导问题顺利得到解决，不正确、不恰当的假设则使问题的解决多走弯路或导向歧途。

④检验假设。假设只是提出一种可能的解决方案，还不能保证问题必定能获得解决，所以问题解决的最后一步是对假设进行检验。

通常有两种检验方法：一是通过实践检验，即按假设的方案实施，如果成功就证明假设正确，同时问题也得到了解决；二是通过心智活动进行推理，即在思维中按假设进行推论，如果能合乎逻辑地论证预期成果，就算问题初步解决。特别是在假设方案一时还不能立即实施时，必须采用后一种检验。但必须指出，即使后一种检验证明假设正确，问题的真正解决仍有待实验结果才能证实。不论哪种检验如果未能获得预期结果，必须重新另提假设再进行检验，直至获得正确结果，问题才算解决。

2. 问题解决过程中的总趋向

问题解决过程的总趋向，是先确定问题的范围，指出可能的解决方向，再逐步缩小范围，提出问题解决的一般方法和具体特殊方法，一步步进行推理以逼近问题的解决。这种观点是把重点放在"提出假设"与"检验假设"两个阶段，对它做更详细的界定。人们解决生活实践中的问题及学生学习和应用知识时，这种情况是最常见的。

3. 用信息加工探讨问题解决过程

20世纪50年代，信息论研究的进展及计算机的问世，使许多人尝试以计算机的信息加工原理，模拟人的思维活动，开展人工智能的研究。计算机的信息加工很像人解决问题过程的思维活动；心理学家中也有人利用高速计算机的信息加工来探讨问题解决过程。近年来，在这方面的研究取得很大进展，可以解释某些问题解决中一部分过程的情况。但机器是没有生命的机械，至今尚不能穷尽人脑思维的奥秘，更表现不出人在解决问题思维过程中各个方面的特点及各种影响人的思维效果的因素，只能对问题解决过程的研究有某些启发与促进。

（二）影响问题解决效率的因素

影响问题解决效率的有六大因素：

1. 已掌握的有关知识

问题解决的任何一个阶段都涉及有关知识，没有相应的知识不仅难于发现问题，而且缺乏分析问题的基础和提出假设所必需的依据，即使检验假设也必须具有相应的知识。知识对解决问题的影响，还涉及必要时是否能及时忆起已学的有关知识，并恰当地加以综合应用。在这方面为了提高学生解决问题的能力，教学中必须传授给他们正确、丰富的知识，指导他们有计划按规律地复习知识，牢固地掌握知识，并且能灵活地加以组织。

2. 心智技能发展水平

心智技能是影响问题解决的重要因素，因为解决问题主要是通过思维进行的，心智技能正是思维能力在解决问题中所表现的技能。为此，在教学中不能只重视知识的灌输，同时还必须促进心智技能的发展。

3. 动机和情绪

它们在问题解决中有积极和消极两方面的影响。恰当的学习动机和求知欲，不仅对发现问题有极其重要的作用，而且对深入分析问题、探索各种假设和反复检验，都是重要的内部动力。但只有中等强度的动机和平静的心境状态，才有利于问题的解决。动机和情绪的强度不够，则缺乏动力；过于强烈则会干扰思维而影响问题解决。因此，一方面，教师必须重视培养学生的求知欲及其正确的学习动机，另一方面，还要训练学生经常带着愉快平静的情绪进行学习和解决问题。

4. 刺激呈现的模式

每一个问题中所包含的事件和物体（不论是实物或是以词语陈述的），当它们呈现在问题解决者面前时，总要涉及特定的空间位置、距离、时间的先后（或同时）顺序以及它们当时所表现的特定功能，所有这些具体特点及其间关系就构成了特定的刺激模式。如果刺激模式直接提供了适合于问题解决的线索，就便于找出解决的方向、途径与方法；如果刺激模式掩蔽或干扰了解题线索，就会为解题过程增加困难，甚至引向歧途。因此，一方面，教师在教学时要十分注意对刺激物的组织处理（如教具安排等），另一方面，要经常训练学生从多种角度观察同一事物，以揭露和认识这一事物在不同情境中可能有的多种功能。

5. 思维定式

所谓思维定式指连续解决一系列同类型课题所产生的定型化思路。这种思路对同类的后继课题的解决是有利的；如果后继课题虽可用前面的方法解决，但也可以采用更合理、更简易的步骤时，思维定式就成为障碍，而影响解题的速度与合理化。因此，平时既要注重训练学生思维的定向性，又要训练其思维的灵活性。

6. 个性特点

独立性、自信心、坚韧性、精密性、敏捷性、灵活性以及兴趣等个人特点，都对解决问题的效率产生一定的影响，教师应经常关心和发挥学生有利于问题解决的个性特点，纠正其不利的个性特点。

（三）"多元智能理论"对培养学生问题解决能力的启示

在先进的教育理念中，评价学生不是看他能记住多少知识点，而在于其能否在掌握知识的基础上，找到解决问题的办法，即要具有解决问题的能力。

近年来，我国大力提倡实施素质教育，"培养学生创新精神和实践能力"是实施素质教育的核心，其中的"创新精神"不只表现为新思想、新技术和新产品的发明创造，还表现为善于发现问题、积极探索问题的心理取向；素质教育要求的"实践能力"更离不开"问题"，所谓"实践能力"，简而言之就是发现问题、分析问题和解决问题的能力。"问题的解决"理应成为"实践能力"培养的核心，建立"问题意识"则是推行素质教育必不可少的重要观念。

1. 培养学生的问题解决能力的尝试

新型智能理论认为，所谓智能就是在特定历史和文化背景下解决复杂问题的能力。这种新智能定义，具有鲜明的实践特征，这与我国素质教育的要求——培养学生的创新精神和实践能力的思路是一致的。但是，如何利用这种理论来指导具体的实践过程，目前在国内还没有进行过实验。不过，国外有学者已经在多元智能理论的指导下，围绕学生能力的培养进行了成功的尝试，创立了以培养学生问题解决能力为目标的"问题体系"。这种尝试为我们寻找学生问题解决能力培养的途径提供了新的思路。

这个"问题体系"以"问题"为中心，以"方法"为中介，以"答案"为结果，根据学生能力的发展水平构建了五个层次的练习。

第一层次：得出答案。即"问题"与"方法"师生都已经知道，但是"答案"是教师已知而学生未知，练习的要求是学生要根据自己已经掌握的方法去解决问题。

第二层次：寻找方法。在这个层次的练习中，"问题"是师生已知的，"方法"对学生而言则是未知的，目的是让学生独立地寻找解决问题的办法，以此来加大问题解决能力培养的力度。

第三层次：拓展方法。通过方法的拓展，使学生的问题解决能力进一步提高，即要求学生能够利用多种不同的方法解决问题，相应地，最终得出的答案也应该是多样的。这样一来，就为打破传统测验的局限性指明了出路，同时也使学生的思维方式由线性思维向多元的非线性思维转变有了可能。

第四层次：方法具有特殊性。意思是说，具有不同智能倾向的学生可以采取自己最擅长的方式解决问题。这可以使学生的潜能得到最大限度的开发与发挥，也可以使他们在解决问题的过程中获得自信心，并且使他们在比较不同的问题解决方法时学会尊重他人不同的想法与行为方式，从而有助于他们形成宽容开放的心态。

第五层次：提出问题。到了这一最高层次的练习时，学生就应该能够主动、独立地发现问题、分析问题并尝试解决问题。它要求学生不仅要知道答案是开放的，而且问题同样也是开放的，应该学会从日常生活、学习出发去发现问题。

2. 在课堂教学中培养学生问题解决能力的启示

（1）创设宽松的问题情境

在以往的课堂教学中，总是由教师提问，学生来回答，整个课堂的节奏是由教师的提问来控制的，学生只是处于被动的地位。在这种缺乏宽松环境的情况下，学生没有独立的

第六章 基于主体参与式

第一节 主体参与式语文教学

一、主体参与式语文教学的概述

主体参与式语文教学是针对课堂教学中忽视学生主体地位的现象而提出的语文教学观念，体现了新课标所倡导的新的教学理念。

（一）概述

主体参与式语文教学是现代教学理念的具体体现。主体参与的概念是建立在主体性、发展性教学这些概念的基础上的。搞清这一概念的内涵是进行主体参与式语文教学探索的基础。

主体参与就是在一定的主体意识、主体精神、主体能力的前提下，进行着认识活动和实践活动的人的行为。教学中的主体参与，就是学生作为具有自为性、可为性与作为性的主体，对教学在自己角色上的一种主观能动性行为。主体参与也是学生在教学活动中人的自主性、能动性、创造性与社会性的体现。

学生主体参与就是指学生在教学活动中的投入，是学生作为主体而发出的参与行为，即学生作为学习和发展的主体，在教学全过程中主动、创造性地参与学习活动并达到一定的质和量。所谓"质"，是指学生主动参与学习的程度。可分为三个层次：①浅层次参与。浅层次参与是学生的感性参与，是学生从依赖性向主动性转化的起点，是实现后两级参与的基础。②中等层次的参与。中等层次的参与即为理性的参与，从感性参与走向理性参与，学生的思维已具备独立性和自觉性，表现为有目的、有意识地去认识世界。③深层次参与。深层次参与是创新性的参与，表现为学生善于探索，勇于实践，敢于求新、求异。主体参与的"量"指在教学过程中学生参与的时间和机会，它是"质"的保证。

……局限于教师的问题范围内，从而丧失了积极主动思考的机会。教师只……摒弃传统的"师道尊严"观念，做到教学民主，创造一个宽松、和谐的……围，才能使学生敞开问题意识之门，走向问题解决之路。

……向学生的潜能开发、能力形成

……都认同这样一个观点：一个好的问题是创造的开始，在创造的过程中依靠的又是……问题解决能力。"问题体系"遵循了这样一个规律——由简单到复杂。在这个体系……以将发现问题、分析问题和解决问题作为五个层次练习的最高层次，这应该是培养学……生都具有发现问题、分析问题、解决问题的潜能，通过对学生问题解决能力的培养，他们……这方面的能力就能够得到提高和发展。

（3）培养学生科学的思维方式

"问题体系"所强调的"使学生的思维方式由线性思维向多元的非线性思维转变"提醒我们，在传统的课堂教学中，学生的思维往往缺乏广度、独特性与灵活性。在这一点上，教师可以针对以往教学中存在的不足，从下面几点着手进行培养：

①在思维的广度上，可以从学生联想能力的培养做起。联想是由一事物想到另一事物的心理过程，它有利于人们从多个角度思考问题，使人的思维走向广阔的天地。

②在思维的独特性方面，要打破历来"唯书至上"的观念，要特别关注教学中"疑问"意识的培养，鼓励学生不仅要敢于怀疑，还要善于怀疑，不要安于书本上现成的答案，而要去尝试发现那些与书本上不一样的东西。一种不按照常规的思考，往往是创造力的开端，同时也要认识到不同的人会有不同的问题解决方式，要充分尊重别人的想法和意见。

③在思维的灵活性上，必须做到思维的起点要灵活，即从不同的角度和方向，运用多种方法解决问题；思维的过程应灵活，即注意迁移能力的培养，善于运用规律与以往的经验去思考新的问题；思维的结果也要灵活，即不要求统一的结论，而是允许多种合理的、灵活的结论。

3. 正确处理知识教学与能力培养的关系

"问题解决能力"的培养要吸收以往注重知识教学中的成功经验，并以此为基础把学生能力培养的方向导向"多元化"，尤其是"创新"和"实践"的方向。学生在解决问题的过程中进行各种知识的积累，通过知识的积累找到解决问题的途径，使知识教学与能力培养成为相辅相成的两个过程。在中小学阶段就应该开始引导学生关注和研究现实问题的实践能力。

综上所述，在多元智能理论指导下的"问题体系"实验为我们实施素质教育，在课堂教学中培养学生的"问题解决能力"提供了一种可行的新思路。

　　主体参与式教学，就是在教师的引导下，学生进入教学活动，自主地、主动地、创造性地完成教学任务的一种倾向性表现行为。主体参与式教学实质上是在教学中解放学生，使学生获得主体性的发展。具体地说，就是学生作为主体参与课堂教学的全过程，包括教学目标的确定、教学内容的选择、教学方法的设计、教学评价的实施等；学生是课堂的主体，要确保他们在课堂活动中的主体地位；整个教学活动中应把培养学生的主体意识和能力放在首位；师生之间的关系必须是民主、平等、合作的，学生在课堂上是与教师平等的参与者。主体参与式教学绝非是简单地让学生举举手、动动口，而是教与学双边互动的实践过程。教师要引导学生从认知、情感与行为各方面都积极地投入到教学活动中来，即"全部沉浸"，而不只是"颈部以上的学习"。正如罗杰斯所认为的，在教学中要使学生整个人沉浸在学习中——躯体的、情绪的和心智的。这是主体参与式教学的最佳境界。

　　主体参与式语文教学，是现代语文教师应有的新的教学理念。主体参与式语文教学是集知识掌握、创造性的培养和个性的养成为一体的一种综合教学模式。在语文教学过程中，通过教师采取各种教学措施，激发学生的学习兴趣，促进学生在整个教学过程中主动参与、全员参与和全程参与，最大限度地发挥其自主性、能动性和创造性，使学生真正成为"语文学习的主体"。

（二）基本特征

1. 教学过程的主体性

　　主体参与式语文教学实质上是解放学生，使他们获得主体性的发展。人的主体性是他作为社会活动主体的本质属性，主体性的发展与提升是生命的核心问题。主体性的特征表现为独立自主性、自觉能动性和积极创造性等方面。独立自主性是主体在活动中对行为的自我把握；自觉能动性是主体在活动中个性能力的主动展现；积极创造性是主体在活动中追求新颖性、独特性和有价值。人的主体性在活动中生成、发展、完善，不断地借助各种活动巩固、强化并在新的基础上重新确立。离开主体的参与就不可能有主体性的形成与发展。因此，只有让学生参与语文教学过程，才能充分发挥学生的自主性、能动性和创造性，使语文教学成为解放学生的心灵和才能、激发想象力、感知力和创造力的过程，使学生真正成为语文课堂教学活动的主人，从而发展其主体性。

2. 教学过程的实践性

　　主体参与就是指学生积极主动地参加各种教育教学实践活动。主体是有意识、有实践能力的人，参与就是实践。人们只有参与实践活动才能认识和改造世界，学生学习要靠个人自身的实践活动，主体参与是这种学习实践活动的基本形式。学生不是知识的"容器"，而是社会的、现实的、活生生的、富有情感的、最具有创造力的人。一切教学措施及手段都是为了学生的发展而选择和设计的。主体参与式语文教学要求教师创设主体性活动的环境，在语文实践活动中，激发学生的参与意识，培养学生的参与精神和参与能力。语文能力和其他任何能力一样，只能在实践中习得。因此，语文教师要给予学生充足的时间，让他们充分地读书、讨论、交流，在读和练的实践中，培养语感，陶冶情操，形成能力。所谓主体参与就是在教育教学中充分发挥学生的主体性，积极引导他们投身教育实践，使其"精神丰富""道德纯洁""体魄完美""审美需求和趣味丰富"，成为社会进步的积极参与者。

3. 教学过程的互动性

互动主要是指教师与学生之间、学生与学生之间的信息交流、活动交往、相互作用、教学互动。只有在民主、平等、和谐的教学氛围中，才能激发学生的学习动机，让学生积极主动地参与到教学过程中来，通过教师和学生、学生和学生之间的交流、互动、互助、互促，实现教学目标。在语文教学中，要善于激发学生的学习热情，让学生积极参与学习过程，通过师生、生生、师生与文本的互动、交流，学生产生思维的碰撞，灵感的顿悟，从而有所创新。

4. 教学形式的开放性

主体参与式教学的开放性是在教学中不拘一格，充分发挥师生的聪明才智，完成教学过程的创造。教学形式的开放主要体现在：创立民主的教学环境，使学生有一种"心理自由"，敢于参与、乐于参与。教师要以平等的姿态与学生交流，充分发扬教学民主，让学生形成不唯师、不唯书，勇于向权威挑战的风气，以利于培养学生的创新素质。在语文教学过程中，教师要尽量撤去定好了的条条框框，放手让学生讨论争鸣，努力营造利于学生主体精神、创新意识、创新能力健康发展的教学环境，使每个学生都能心情舒畅地参与。

（三）基本原则

教学原则是根据一定的教学目的和对教学过程规律的认识而制定的指导教学工作的基本准则。主体参与式语文教学的基本原则是根据对参与式教学过程规律的认识制定的指导参与式教学的基本要求。原则是前提，是保证，只有在原则的指导下进行参与式教学的实践，才能取得良好的教学效果。下面将从两个方面对主体参与式语文教学的基本原则进行阐述。

1. 主动发现原则

教学的过程就是在教师的引导下学生主动发现的过程。学生应该充分利用教师所提供的教学情境，主动地进行学习、思考和探索，亲自去发现问题的结论和规律，成为一个善于发现的人。主体参与式语文教学就是在这样一种新的教育理念下产生的一种教学方法。它是以实践和创新为基础，主动发现是其要遵循的一个基本原则。

语文是人文性很强的学科。语文学科的这一特点，决定了许多语文知识的答案是多元的。在过去的语文教学中，学生是接受知识的容器，遇事不动脑，缺乏主动的发现，只能随声附和，死记硬背那些教师传授的知识、"标准"的答案。主体参与式语文教学不是将结论直接告知学生，而是通过学生的亲身观察、分析讨论等去发现答案，得出结论。学生通过参与学习的过程，亲自体验发现新知、获取知识的乐趣。

主体参与式语文教学，是能够运用教学理论指导语文教学实践的教师与学生进行沟通的文化，这种文化要求师生双方都必须有较强的主体性，有主动参与意识。在语文课堂教学中，语文教师与受教学生作为拥有各自不同语言文化和沟通文化的前代与后代，作为成人与成长中的新一代，作为各自在现代社会中生存的个人，在主动参与过程中，在沟通与沟通关系中进行心灵的碰撞，从而提供了"发现世界""发现自我"，乃至"相互发现"的契机。

主体参与式语文教学，充满了把师生从被动世界中解放出来的人文关怀。它使学生在积极参与、主动发现中，丰富知识、增长见识、体认自我，成长为具有能动性、富有创新精神的现代人。

2. 全面发展原则

素质教育是以面向全体学生，全面提高学生的基本素质为宗旨，以注重培养受教育者实践能力、创新能力，促进在德、智、体、美、劳等诸方面生动活泼、主动发展为基本特征，即是说，素质教育的核心是促进学生的全面发展。那么，以"提高学生主体参与意识"为目标进行的素质教育，才是促进学生全面发展的根本途径。

教育的基本内涵是使人的生命价值得到全面的提升，使人的本质力量得以充分的展现。时代不同，人的发展观也不相同。我国的传统教学只注重知识的传授，不关注学生的全面发展，现代教学论正在由知识论向发展论转变。知识的掌握不等于人的发展，学生的发展虽然同掌握知识有密切的联系，但掌握知识毕竟和发展是两回事。传统的教育方式严格按照教师的要求学习，教师给学生提供现成的知识，单调的方式、背诵等，都不可能对学生的发展有帮助，不可能把这些知识变成学生享用一生的精神财富，相反还抑制了学生发展的可能性。

现代教学论提倡，教学过程是教师与学生共同探索新知的发展性活动体系。学生不是在教学中被动地接受外界影响，而是在师生、生生、生本的互动中主动地选择，形成与建构自己的知识体系。课堂教学就是要在传授知识的同时，关注学生的全面发展，要让课堂变成学生发展能力的场所。

主体参与式语文教学，强调教学是师生之间交流互动与共同发展的过程，是共创的生命体验。因此，在语文课堂教学中，要改变传统的教师教与学生学的模式，在设计、安排和组织教学过程的每一个环节都有意识地体现参与的内容和方法。转变教师角色，让学生主动参与、自主探索、合作交流、积极思考和亲身体验。

主体参与式语文教学，正是以学生的发展为本位，突出能力的培养，让学生参与阅读，既丰富了学生的知识积累，开阔了学生的视野，又锻炼了他们对文学作品的鉴赏能力和审美能力。让学生参与作品评价，当一名同学阐述自己的见解时，其他同学必须仔细倾听，善于抓住要点，边听边思，锻炼了学生听记、听辨能力。对别人的阐述做精当短评，要求学生不仅能脱口而出，而且能出口成章，言之有理，持之有据，切中要害，锻炼了学生敏捷的思维能力及较强的口语表达能力。学生通过对作品的阅读、理解，能够亲自悟情、悟理、悟人生，文学作品的这种潜移默化的熏陶和感染，远远胜过空口说教。总之，读、听、说、理解、鉴赏、思维等能力的全面提升，可以为学生终身学习以及未来的发展奠定坚实的基础。

主体参与式语文教学，跳出了"应试教育"的怪圈，以学生的发展为出发点，关注学生能力的全面提升，关注学生生命的成长，真正实现了学生能力发展与人格塑造的完美统一。

3. 民主化原则

教育民主化包括教育的民主和民主的教育两个方面：前者是民主外延的扩大，即把民主扩展到教育领域，使教育成为公民的权利和义务；后者是教育内涵的加深，即把专制的不民主的、不充分民主的教育改造成为民主的教育。其中心内容是实现教育平等，包括教育机会均等、教育过程平等、教育结果平等。

语文教学中的民主化，就是在"我-你"师生关系的基础上，强调教学交往中的尊重、平等、沟通。师生双方都积极、主动地参与教学过程，师生双方能在教学过程中体验自由、平等、和谐，从而使学生获得充分发展。每一篇文学作品，都是作者主观感受的抒发，是内在情感的流露，是个人见解和智慧的展现，语文教育的真正意义就在于让学生获得这种感受，体验这种情感，理解这种见解，汲取这种智慧，最终形成自己丰富的精神世界，提高自己的语文素养。因此，语文教学的过程是知识技能的传授过程，更是学生、文本、教师三者之间情感的交流、心灵的沟通、生命的对话。

由此可见，在语文教学过程中，只有教师遵循民主化的教学原则，学生才能拥有话语权，才能积极参与学习过程，也才能实现真正意义上的尊重、平等、沟通和理解。

（四）主体与主导的关系

教与学的关系问题是教学过程的本质问题，同时也是教学论中的重要理论问题。教学是教师的教与学生的学的统一，在语文教学的过程中，如果只重视教师的教而忽略学生的学，把学生当成知识的"容器"，缺乏学生的积极性、主动性，是很难取得理想的教学效果的；反之，如果片面强调学生的学习，就会走向另一个极端——"儿童中心主义"，也不可能取得显著的教学效果。因此，我们倡导主体参与式语文教学，在尊重并提升学生的主体地位的同时，仍然不能忽略教师的主导作用。

学生是学习的主体。心理学家认为：学生的学习不是一个被动的吸收过程，而是以已有的知识和经验为基础的构建新知识的过程，通过学生积极努力地探索而产生"新的结果"。就是说，学生的创新意识是在学生对新知识的主动探索中产生，并在学生主动探索中不断完善的。因此，要培养学生的创新意识，就必须提升学生在学习过程中的主体地位。然而，学生的主体地位只有在教师的主导作用下才能体现出来。试想一下，如果一堂语文课，教师在上面滔滔不绝地讲，学生在下面匆匆忙忙地记，没有思考的时间，没有探索的机会，学生的主体性怎能发挥出来呢？教学过程中教师的激发作用、启迪作用、组织作用是推动学生主动学习的重要前提。由此可见，在语文教学过程中，既不能忽视教师"导"的作用，也不能用教师的"导"来代替学生的"学"。

教师是教学过程中的主导，主导的意义关键在"导上"，是引导、指导、领导的意思。我们强调学生的主体地位，但决不能忽视教师的主导作用，只是教师发挥主导作用的方式发生了根本的变化，教师从单纯的知识传授者变成了组织者、引导者和合作者。以学生为本，并不意味着教师责任的减轻或者教师作用的减弱，恰恰相反，这两方面都对教师提出了更高的要求。如果离开了语文教师精当的讲述、巧妙的点拨、恰当的引导，学生难以取得好的学习效果。可见，教师的主导至关重要，它决定着教学的成败，决定着学生的主体性能否很好地发挥。当然，教师对学生学习的指导应该有个"度"，这个"度"就定在"激趣、启思、导向"上，而不能越俎代庖。

语文课堂教学实践证明，教师的主导作用与学生的主体作用只有有机统一，才能获得最佳教学效果。这就要求语文老师，不仅要考虑怎样教，而且要考虑学生怎样学，正确处理好主导与主体的关系。首先，教师要转变自己的"角色"，由过去的"讲解员"变为"指导员"，在语文教学过程中，充分调动学生的积极性，启发、引导学生去获取知识，变过去向学生灌输知识为引导学生探求知识；其次，要树立正确的学生观，把学生视为有个性的生命、平等的人、自主的人、有潜力的人，相信每个学生都能主动发展；最后，营造民主、平等、和谐的教学气氛，激发学生兴趣，使学生敢于参与、乐于参与学习。

总而言之，教师的主导作用与学生的主体作用，二者在语文教学过程中相辅相成，并不矛盾。只有语文教师"导"得正确，引导有方，学生的主体作用才能充分发挥出来。

二、主体性教育理论

主体性教育是一种培育和发展受教育者的主体性的社会实践活动。它以受教育者的主体性成长为宗旨，强调承认并尊重受教育者在教育活动中的主体地位，将受教育者真正视为能动的、独立的个体，以教育促进他们主体性的提高与发展。其关键是受教育者主体性的培育与发展。教育的基本功能是把人类所创造的文化科学知识或经验"内化"为个体的精神财富，发展和提高他们的主体性，造就未来社会的行为主体。现代教育培养的人应该是有主体性的人，只有这样的人才能主动、积极地参与社会生活，并为社会进步做出贡献。因此，教育应以培育人的主体性为根本任务。

主体性的发展主要取决于两个方面：一是外部世界对个人才能的实际发展所起的推动作用；二是主体自身的条件，包括人主动发展自身的意识及驾驭外部世界的能力，即主体能力。主体意识和主体能力是在教师的主导作用下，在自身不断地参与学习活动的实践中形成，并得到强化和完善的。

主体意识，是指作为认识和实践活动主体的人对于自身的主体地位、主体能力和主体价值的一种自觉意识，是主体自主性、能动性和创造性的观念表现。学生主体意识的强弱，对于其主体性发展至关重要。学生的主体意识愈强，在学习活动中的自觉性愈大。因此，学生主体意识的强弱，决定着学生主体对自身发展的自知、自控、自主的程度，最终影响其主体性的发展水平。

要使学生的主体性得到充分发展，仅有主体意识是不够的，还需要与之适应的能力，即主体能力。主体能力，就是主体能动地驾驭外部世界，从而使自身主体性得以发展的能力。学生的主体能力，需要他们不断汲取前人的文化知识经验，在学习活动中发展和提高。学生的主体能力愈强，就愈能充分利用外部条件去发展自身，从而发展其主体性。

综上所述，主体性教育理论就是要承认受教育者的主体地位，尊重其主体尊严，提升其主体意识，重视其主体能力的培养。因为教育对人以及社会的发展所起的作用的大小，基本上取决于它能够在多大程度上培养出拥有主体意识的人来。因此，培养人的主体性是教育的最高目的，主体性教育思想是整个教育活动最根本的指导思想。

既然主体性教育思想是整个教育活动最根本的指导思想，那么，也应是语文教学的根本指导思想。它对语文教学的指导意义是可以改变教师主宰课堂、学生被动应付的局面，强化学生在语文学习中的主体地位。学生的读、写、听、说能力是在语文实践活动中形成的，这就要求教师给学生创造更多的参与学习活动的机会，更重要的是唤起学生发自内心的主体意识，使学生自始至终保持自觉、主动、热情的学习状态，从而真正成为语文学习活动中的主体。

第二节　主体参与式语文教学的操作策略与价值效应

一、主体参与式语文教学的操作策略

语文是基础教育的基础，它既是素质教育的一个重要内容，又是落实素质教育的工具和媒介。参与式教学策略的实施能够让学生参与到教学的全过程中来，从而调动学生的学习积极性、主动性，培养学生的创新思维能力。

(一) 建立良好的师生关系是主体参与的重要保证

师生关系主要有两种情况：感情融洽、彼此协调的师生关系有利于调动学生的积极性，促进学生学习成绩的提高；反之，学生的学习积极性会受到压抑，不利于学习成绩的提高。

为此，在语文教学活动中，必须建立良好的师生关系。因为民主、和谐的师生关系是教育教学活动中学生生动活泼、积极主动发展的基础，也是实施素质教育、实现主体性教学的前提和支柱，更是培养创新精神的不可或缺的氛围。无数事实证明，只有教师在课堂上发扬民主，创设和谐气氛，学生才能有主人翁意识，因而心情愉悦，求知欲旺盛，思维活跃；学生群体才能有群情激动、跃跃欲试的热烈气氛；学生的创新欲望和创造行为也才能得到激活。这时，就会像爱因斯坦所说的那样，把学生的热情激发起来，那么学校规定的课程就会被当作一种礼物来接受。和谐的师生关系的关键因素是教师，这就要求教师力求做到：

1. 树立正确的学生观

学生观，是对学生的本质属性及其教育过程中所处地位和作用的看法。有什么样的学生观，就会产生什么样的师生关系。要建立和谐的师生关系，就必须确立正确的学生观。

正确的学生观是建立在对学生本质属性的正确认识基础上的。学生作为人，虽然从教育和教学过程的组成来说是教育的对象，处在教育客体的地位，但是，从整体教学过程的进行及个体的发展来说，学生才是学习活动的主人，是发展的主体。学生虽然是教育对象，但和其他社会实践对象不同，他们是具有自主性、能动性和创造性的活生生的人。学生是一个个独立的个体，有自我观念、自尊心，有自己的需要、兴趣、爱好、追求和个性等主观意识。在这种主观意识支配下，学生不是消极被动地接受外界环境影响，而是有一定的主动性、能动性。表现在教育过程中，学生接受教育是有选择的，对不同的教育内容、教学方法，甚至不同的教师，都会做出不同的反应，或是产生积极的接受态度，或是产生消极的抵制态度。从学生作为一个独立的人的角度看，他们有权利在教学中提出自己的正当的要求和合理的建议。总之，在教学过程中，教师必须放下权威者的架子，树立学生是学习的主体、发展的主体，是未来社会的主人的学生观，才能构建民主、平等、自由的新型师生关系。

2. 尊重学生

人本主义心理学强调学习过程中人的因素，所以学习论的基本原则是必须尊重学习者，必须把学习者视为学习活动的主体，必须重视学习者的意愿、情感、需要和价值观。因为尊重信任学生是促使学生积极向上的内在动力。在语文教学过程中尊重学生具体表现在：①教师心中有学生，遇事和学生多讨论、多商量：每一篇课文，从教学目标、教学内容到教学重点、课时安排，以至具体的教学方法，都可以同学生商量，尽可能达到师生间认识的统一。②尊重学生自己的思维能力：教师要尊重学生提出有益的问题的能力，尊重他们提出有意义而且有见解的推测的能力，尊重他们通过更合理、更适当的大量用脑而不是靠记忆进行学习的能力。③尊重学生的选择和判断：教师要鼓励学生对语文知识的答案做出选择和判断，而不是由教师匆忙做出结论。

总之，只有教师充分信任、尊重学生，才能求得心灵沟通，师生彼此才能理解、信任和合作。

3. 师生平等

传统的师生关系实质上是一种以教师为中心，忽视学生主体性的"主-客"关系。在这种关系中，学生被看成教育的客体与对象，只能被动地服从教师的权威，是一种不平等的师生关系。新型的师生关系，是一种互主体性关系，在这种关系中，师生双方在教学中的地位是平等的，双方都有完整的个性。在教学活动中，谁也不能控制操纵谁，或者把意志强加给对方，而是一种平等、关心、支持、帮助的关系。这就要求教师由过去的"主宰者"变成学习的引导者、激励者、点拨者，以平等的心态对待每一个学生，要给学生平等参与的机会。要爱护而不排斥，说服而不压服，启发而不包办。只有在这种平等的师生关系中，教师才能真正体会到学生的需要和选择，理解、尊重学生，从而促进学生的发展。

作为教师，应运用多元智能理论，善于发现学生语文学习过程中的闪光点，及时肯定、鼓励，从而最大限度地调动学生的积极性，激发他们肯定自我，超越自我。有些学生学习成绩差，但语言表达能力强是其闪光点，应积极赞扬；有些学生学习成绩平平，但想象力丰富是其闪光点，教师应不失时机地予以表扬；有些学生基础知识掌握不理想，但思维敏捷，这也是其闪光点，教师都应及时勉励。

学生的自信心、进取的锐气、活泼的灵性，往往来自于教师的肯定、赞美、鼓励。恰如其分的赞美能创造奇迹，能避免批评指责的负面效应，还个体以自尊和自信；能激发学生不断增强主体意识，向着更新更高的目标迈进。而且教师亲切的鼓励，能起到春风化雨般的作用，可以缩短师生之间的心理距离，融洽师生感情，增进师生关系。

(二) 激发学习动机和兴趣的主体参与的直接动力

学习动机是直接推动学生学习的内部动力，语文教师必须重视学生学习动机的激发。所谓激发就是把学习活动中的积极因素充分调动起来，使学生的学习动机从不活跃状态转化成活跃状态。在语文教学过程中，怎样才能有效激发学生的学习动机呢？

1. 进行责任感教育，激发学习动机

对于学生来说，随着年龄的增长，影响其学习的主要因素已经不是单纯的好奇心，信念和理想往往起着支配作用，如果学生树立了远大的理想和坚定的信念，对学习有责任心，必然会产生强大的学习动力，推动其学习；反之，如果缺乏学习责任感，觉得学习无足轻重，那么，它必将失去学习的动力。因此，在语文教学过程中，教师有必要对学生进行学习责任感教育，让学生认识到学好语文，对于塑造人性、传承文化、提高人们的审美水平，对于整个社会的文明进步都有着不可低估的作用。如果能把这种外部要求转化为学生的内在需要，就一定能增强学生的学习责任感，提高其学习动机水平。

2. 明确学习目标，激发学习动机

在很多情况下，部分学生缺乏学习的积极性和主动性，是因为他们不了解要学什么和

怎样学。因此，教师要根据教学大纲的要求，并考虑学生的具体情况，帮助学生明确学习目标，明确努力的方向。因此，学生不仅要有阶段性目标、近期目标，而且还应有长远目标。要实现长远目标，必须从阶段性目标开始。这就要求语文教师在讲授一节课之前，让学生知道具体的目标和要求以及教学内容在实践中的应用价值和在整个知识体系中所占的地位，这是调动学生学习积极性的有力举措。因为，只有当学生明确了学习目标和学习的重要性之后，才会产生强烈的探求欲望，从而自觉地主动学习。

3. 提高教学艺术，激发学习动机

教学是科学，也是艺术。在教学过程中，有这样一种现象，同一篇课文，有的老师讲得深入浅出，形象生动，学生听得津津有味；而有的老师讲得晦涩难懂，枯燥乏味，学生听得昏昏欲睡。为何会有这么大的差别呢？关键在于教师的教学艺术。因此，重视教师的教学艺术，是激发学生的学习动机和学习热情，调动学生的学习主动性、积极性，丰富学生的想象力，推动学生不断向新的目标迈进的重要保障。提高教师的教学艺术要做到以下几点：①要使自己的语音富有魅力：语文教师要掌握一点用气发声、共鸣控制、吐字归音的技巧，使自己的语音清晰、圆润、甜美、悦耳动听，增加语言的吸引力。②要使自己的语言负载丰富的情感：许多文学作品都是名篇佳作，作品本身极具感染力，容易吸引学生，可为什么学生会感到语文课枯燥无味呢？除了教学方法的问题之外，另一个重要的原因就是教师的课堂语言。教师机械地讲出一串串冰冷的音节，缺乏感情色彩的语言，又如何能打动学生呢？所以教学语言必须是感情充沛的。当教师慷慨陈词时，能让学生随之心潮起伏；当教师娓娓道来时，恰似涓涓细流注入学生心田；当教师的话语充满诗情画意时，能让学生身临其境，陶醉其中。总之，情感性是语文教师教学语言的特质，语文教师应该用自己的丰富情感去点燃学生的心灵之火。要赋予语文教学口语以丰富的情感，"教师必须激情似火，师爱荡漾"，更须在教学中动情入情。教师将蕴含在教材中的思想感情化为自己的真情实感，这样才能在讲课时做到声发于情、理融于情，从而拨动学生的心弦、触动他们的情思、引发学生心灵的震撼。③语文教师还应运用幽默艺术：在语文教学中使用幽默语，可以激发学生的学习动机，引发学生兴趣；可以使师生之间的关系更为和谐；可以活跃课堂气氛；可以培养学生的想象力和创造力。巧妙借用，是指有意把不同行业、不同语体的典型用语交错使用，这样，幽默就会在语言迁移中应运而生。格言变用也是一种幽默技巧。幽默语的艺术包括教师设计的情节幽默，笑话、趣闻、妙语、警句、谐音，大胆的夸张，旧语换新义等。④语文教师应力求做到语言生动、形象。生动的教学口语能吸引学生的注意力，激发学习动机，唤起学生求知的欲望和学习热情。语文教师要想方设法，对自己的语言进行加工处理，采用比喻、夸张、拟人、描述等方式，将抽象的概

念具体化，把深奥的道理形象化，把枯燥的知识趣味化。只有这样，才能增强语言的表现力、感染力。语文教师在教学中讲究口语表达的修辞，借助丰富多彩的言语表达手段，深入浅出、活灵活现地展现事物的形象、声音和色彩，从而增强教学口语的生动性，加深学生对所学知识的印象。

（三）板书艺术

板书是教师为完成教学任务，配合口头讲授，在黑板上运用文字、符号、图表等传递教学信息的书面形式。随着多媒体教学手段的广泛运用，板书似乎失去了往日的风采，许多语文教师不再精心设计，有的教师在黑板上龙飞凤舞，非常随意，毫无计划，还有的教师一堂课下来，整个黑板空空如也。然而，板书是师生在课堂上最直观的利用视觉交流信息的渠道，板书是否恰当，直接影响课堂的教学效果。

板书作为一门艺术，它体现了教学的直观性原则。好的板书，能给学生留下鲜明突出的印象，加强学生的记忆。有关研究资料表明，人们对眼睛暗示的注意力是对耳朵暗示的25倍。由此可见，语文教师应高度重视板书的作用。那么，板书艺术要符合什么样的要求呢？

1. 目的明确

板书如果是漫无目的，随手乱画，就会失去它的意义。所以板书要依据教学目的、教学要点而定，或突出主题，或体现结构，或表现文章特点，做到明确要求，书之有用。

2. 高度概括

板书应该是对教学内容的浓缩。板书内容如果繁杂，学生来不及记笔记，既浪费时间，又不能突出重点。所以，语文教师要对教学内容高度概括，略去枝叶，保留主干，语言简洁准确，让学生一目了然。

3. 直观形象

语文板书一定要直观形象，才能使学生的认识由具体到抽象，由感性认识上升到理性认识，从而加深对教材内容的理解。为了达到醒目的效果，教师可用不同色彩的粉笔，或勾画，或圈点，也可用不同的符号、图表，还可用不同的字体。

4. 美观实用

板书不仅要符合科学性、规范性，更应追求实效性、审美性。有价值的板书在帮助学生掌握课文的行文线索、层次结构、表现方法，理解作者的逻辑思维和形象思维过程的基础上，还应给学生带来视觉的冲击，让学生从板书中得到审美愉悦。板书美主要体现在构思美、布局美、语言美、色彩美、字体美、符号美等方面。

板书是教师普遍使用的一种重要的教学手段和表现形式，是打开学生智慧之门的钥匙，也是语文教师综合素养的体现。教学板书只有达到科学、精要、直观、规范、美观、易记的要求，有效克服教学板书的盲目性、随意性带来的低质量、低效率的弊端，才能真正登上艺术的圣殿！

（四）激发学习兴趣

兴趣是人们力求认识某事物或从事某种活动的心理倾向。心理学研究表明，参与兴趣的水平对学习效果能产生很大影响。一般来说，如果学生对所学的知识感兴趣，他就会主动深入地、兴致勃勃地学习这方面的知识，并且广泛涉猎与之有关的知识，遇到困难时会表现出顽强的钻研精神。否则，他只是表面地、被动地去掌握所学的知识，遇到困难时往往会丧失信心，裹足不前。所以说，参与兴趣是推动学习的一种重要心理因素。

传统语文教学中，没有真正以学生为主体，以发展为本位，学生的参与兴趣受到压抑，致使教学效率低。要实施主体参与式教学，提高教学效率，激发学生的参与兴趣尤为重要。

1. 创设情境，激发参与兴趣

参与兴趣总是在一定的情境中产生的。创设情境就是指创设与教学内容相适应的具体环境氛围，激发学生的参与兴趣，引导学生入情入境。要以直观的形象触发学生的想象、联想，以生动的情境引发学生心灵的感知，情感的共鸣，从而达到对作品的深层理解与感悟。

2. 巧设疑问，激发参与兴趣

常言道："学起于思，思源于疑。"学贵有疑，有疑才会有思，有思学问才会长进。要激发学生的参与兴趣，教师不应该只传授结论性的东西，而应引导学生从被动的接受和死记硬背中解放出来，转而积极主动地学习。引导之法贵在善问。因此，教师要巧设疑问，拈弓搭箭，引而不发，让学生带着惊疑，急切地进行探索。具体做法：①在导语中设疑。良好的开端，是成功的一半。引人入胜的导入语，就像打开了殿堂的大门，诱发学生竞相登堂入室。②在比较中设疑。有价值的问题，才能诱发思维，激发参与兴趣。通过相关课文的比较，可以发现疑问，设计出一石激起千层浪的问题。③在矛盾处设疑。问题的发现本身就是对矛盾的揭示，所以，在矛盾处容易生发疑问。这种矛盾最易激起学生探究的欲望，点燃学生思维的火花。

3. 体验成功，激发参与兴趣

老师不仅要教育学生为完成任务而刻苦学习，还应让学生通过成功的体验，不断激发学习的兴趣。让学生意识到自己的进步，学生就会在愉悦的情绪中产生一种渴求学习的愿望，从而更加积极主动地参与学习。这就要求教师在语文教学中做到，该由学生自己去探索的知识，就放手让学生自己去探索；该由学生自己获得的知识，就尽量让他们自己去获取。学生在探索过程中受阻时，老师只做适当的提示和暗示，让学生体会到所学会的知识是自己"发现"的，自己"创造"出来的，使其体会到自己的成功和进步，激发参与的兴趣，增强主动学习的积极性。

（五）实施课堂教学互动

1. 主体参与的最佳境界

主体参与式语文教学强调教学过程的主体性、实践性和互动性。要培养适应时代发展的开拓型人才，必须采用有效的课堂教学方法，实施课堂教学互动。

课堂教学互动是指教师启发诱导学生的思维，鼓励学生积极参与，大胆尝试，师生进行交流，继而产生情感的互动、思维过程的互动，最大限度地调动学生思维的积极性，使学生成为学习主体。在语文教学中，教师和学生起着同等重要的作用，要成功完成教学过程，取得好的教学效果，必须调动教与学两个方面的积极性，充分发挥教师和学生的作用。教学互动不是传统教学中以教师为主体、学生为客体的我说你听的单向灌输，而是两者之间的双向讨论、交流和沟通的教学活动。

2. 诱发学生体验

体验是主体借助经验，运用直觉，通过感悟来理解课题时所感受到的无穷意味的心灵震撼，体验就是引导学生主动参与，亲身实践，独自思考，合作探究，从而开发学生的潜能，提升学生的各种能力。体验的主要特征有过程性、亲历性、独特性和不可传授性。

体验式教学就是在课堂上虚拟特定的生活情境，设法让学生置身其中，通过"现场经历"获取语言运用的直接经验，化成综合的语文素养的一种教学形式。体验，重视学习主体的参与，重视学习主体的直接体验，是一种以感悟为特点的语文学习形式。教学活动的体验是师生双方在实施教学活动中双边互动的感受体验。体验有别于经验，经验是沉睡的、积淀的、过去的，是被动的接受，是静态的普遍认同；体验是苏醒的、流动的、即时的，是主动创造的，是一种动态的过程。体验式语文教学注重内心的体验、感受，其核心在于唤醒灵魂，其价值在于主体意识的提升和个性解放。

那么，在语文教学过程中，怎样引导学生主动参与学习，进行有效的体验呢？

（1）诵读

反复诵读是我国传统的读书之法，是目视其文、耳闻其声、心悟其境、意会其理的综合阅读活动。在反复诵读中，使学生认识文字，感受音律，理清文脉，捕捉作品的艺术形象，领悟作品的语言艺术，通达作品的奥妙之处。这种读书方式，体现了伦理型文化朴素的整体观念和直觉体验的思维方式，是完全符合语文学习规律的。许多语文教师设计了"带着问题读""自主选择读""分角色朗读""分组比赛读""配音朗读"……这些灵活多变的方式，可以激发学生的读书兴趣，达到百读不厌、常读常新的效果。

（2）引入情境诱发体验

在语文教学过程中，有的学生学习语文的兴致不高，有的甚至有厌学情绪。要提高教学效率，教师必须千方百计地调动学生的积极性。新课标也指出：学生是语文学习的主人。语文教学应激发学生兴趣，注重培养学生自主的意识和习惯，为学生创设良好的自主学习情境。为此，要在语文教学过程中努力创设一种生活情境，或仿真情境，诱发学生强烈的好奇心理和实践欲望。生活情境可以涉及自然风光、文物古迹、风俗民情、国内外的重要事件、学生的家庭生活以及日常生活话题等。仿真情境则可通过语言描述、画面再现、媒体演播、角色扮演等方式创设。

在创设情境过程中，教师要理解和思考：学生最需要什么？最感兴趣的是什么？最想探究的又是什么？并善于将学生的体验兴趣引导到语文学习的重点、难点、疑点之中。

（3）师生对话提升体验

一千个读者就有一千个哈姆雷特，体验具有的个人性特征，使每个学生能按照自己的理念、视角与文本展开对话，获得各自不同的视界融合，呈现出阅读的多样性。但这种阅读也有缺陷，因为个体所得的知识往往是不系统的、片面的，甚至是偶然的。这就需要阅读个体不断与教师、同学展开讨论、交流，通过师生、生生之间的对话，相互取长补短，从而丰富自己的知识，提高自己的认识。在师生对话的过程中，教师要给予方法上的指导，积极创设对话情境，开展有效讨论，在思维的碰撞中更深入地理解和感受文本，达到心灵上的沟通。教师要到学生中间，倾听、点拨、引导，使学生感性的体验上升到理性的认知。

（4）课外拓展实践体验

教师在语文教学中要努力做到让学生带着社会生活的体验走进语文课堂，再让学生带着语文课堂的收获走向生活。引导学生走进教材，走进社会生活，让学生去感受、去体验、去思考。

总之，体验式教学，注重学生的主动参与，自主学习，使学生真正成为语文课堂的主人，所学知识在一次次体验、一次次碰撞交流中不断内化，逐渐成为一种能力。正如新课标所倡导的：阅读是学生的个性化行为，不应以教师的分析来代替学生的阅读实践，应让学生在主动积极的思维和情感活动中，加深理解和体验，有所感悟和思考，受到情感熏陶，获得思想启迪，享受审美情趣，要珍视学生独特的感受、体验和理解。

二、主体参与式语文教学的价值效应

长期以来，传统教学强调"教师权威"，学生被放在了客体的位置，对主体参与关注不够，学生学习和发展受到束缚。为此，在语文教学中创设民主氛围，使学生主动参与教学，对于促进学生全面发展有着重要的实践意义。

第一，有利于体现学生主体地位。以往的语文教学，大多以教师为中心，教师的话具有绝对的权威性，学生只是被动地、机械地接受现成的结论，主体地位被大大忽视。主体参与式教学就是要改变这种"唯师是从"的状态，建立一种宽松的、和谐的氛围，确立新型的、平等的师生关系。教师做到"心中有学生"，尊重学生，信任学生，引导学生，让学生能自觉地、独立地参与学习的全过程，使学生的主体地位得到充分体现。

第二，有利于发挥学生的创造力。传统的语文教学中，教师一人讲，学生群体听，教师的垄断性行为使学生循规蹈矩，不敢越雷池一步，缺乏自己的主观分析、判断，创造才能被扼制。语文教学中，应多给学生积极参加实践以及和教师互相交流的机会。民主、和谐的教学环境是使学生的想象力、创造力得以展现的重要因素。采用"头脑风暴法"，学生的身心不会受到压抑，能够大胆发表自己的不同见解，敢于向权威挑战，敢于求新、求异。积极的求异性、创造性的想象、活跃的灵感，正是创新思维的明显特征。而创新性思维是创新能力的核心，所以，要培养学生的创新精神，首先要给学生创设一个宽松、和谐的环境。正如爱默比尔所说，内在动机原则是创造力的社会心理学基础，当人们被本身的满意和挑战所激发，而不是被外在压力所激发时，才表现得最有创造力。

第三，有利于发展学生的个性。传统的语文教学中，学生更多地处于被动状态，不能主动地进行自我表现，其良好的个性的形成与发展受到很大的影响。个性不是"委任"的，而是学生在主体参与的活动中逐渐形成的。只有在集体中才可能有个人自由。集体必须建立在共同活动的基础上，个体在集体中如果消极被动，集体就不可能成为该个体"全面发展的手段"。换言之，只有在集体中主动参与，个人才能得到充分、自由的发展。每个学生的生活积淀、文化底蕴、审美情趣千差万别，因此，面对内涵深沉、缤纷多姿的文本，教师不应恪守"标准结论"，而应珍视学生独特的感受、体验和理解，让学生见人所未见，发人之所未发，人无我有，人有我新，从而发挥学生的创造潜能，发展学生的个性。总之，只有在与他人的联系中，在主动参与学习过程中，人的个性才能得到一定的发展。

第四，有利于培养学生健全的人格。人格是在社会化过程中形成的表现在知、情、意等心理活动各个方面的总体精神面貌。健全人格的主要特征有：情绪成熟健全，保持愉快的心态，乐于承担责任；有独立和自主的意识，乐于自己思考和解决问题；有良好的人际关系和社会适应能力，既承认自己又尊重别人，能体谅别人的痛苦，并用各种办法来帮助他人，具有同人类共祸福的意识。然而我们接受型的教育所培养的学生是被动、盲从的，难以适应现代社会发展的需要的。

固然，先天的遗传素质是人格发展的前提，但人格的最终形成，则更多地取决于后天的教育、训练和环境影响，有赖于个人的社会实践，其中人际关系起主要作用。为此，只有让学生主动参与到教学活动中，他们才能把教学看成"自己"的责任，而不光是教师的事情。而且在与教师、同学的交往活动中，培养团结协作精神。文学作品的内涵是丰富的，评价也应是多元化的，"一千个读者就有一千个哈姆雷特"，因此，教师要引导学生积极主动地参与教学过程，大胆发表自己的不同见解，敢十对已有结论进行合理的"反叛"，消除盲目崇拜，增强学生的自主意识。总之，学生只有积极主动地参与学习过程，才能构建健全的人格特质。

参考文献

[1] 王荣生. 语文教学之学理 [M]. 北京：商务印书馆有限公司, 2022.

[2] 王林慧. 学为中心：指向深度学习的小学语文教学探索 [M]. 杭州：浙江工商大学出版社, 2022.

[3] 徐文. 小学语文教育与文学素养研究 [M]. 青岛：中国海洋大学出版社, 2022.

[4] 姜建邦. 语文真的很有趣：38 堂趣味语文课 [M]. 北京：西苑出版社, 2022.

[5] 马英, 盛银花. 语文教学设计与实施 [M]. 武汉：华中科技大学出版社, 2022.

[6] 孙立华. 基于核心素养的语文教学实践 [M]. 北京：线装书局, 2022.

[7] 张龙. 儿童思维语文 [M]. 济南：济南出版社, 2022.

[8] 吴亮奎, 陈菲, 孙玲玲. 小学语文教学设计策略与策略教学 [M]. 福州：福建教育出版社, 2022.

[9] 欧阳芬, 殷可嘉. 语文课程与教学论 [M]. 北京：高等教育出版社, 2022.

[10] 申静. 语文教学中的"三段式" [M]. 南昌：江西高校出版社, 2022.

[11] 夏芳芳. 经典教学理论在小学语文课堂中的应用 [M]. 上海：上海交通大学出版社, 2021.

[12] 黄真金, 湛芬, 黄丽娜. 中小学语文教学设计与案例分析 [M]. 长春：东北师范大学出版社, 2021.

[13] 杨慧莉. 小学语文语用教学的实践研究 [M]. 天津：天津社会科学院出版社, 2021.

[14] 徐凤杰, 刘湘, 张金梅. 小学语文教学生活化的策略与研究 [M]. 长春：吉林人民出版社, 2021.

[15] 施丽聪. 体格立场：小学语文教学新思维 [M]. 厦门：厦门大学出版社, 2021.

[16] 李波. 小学语文课程标准与教材研究 [M]. 北京：新华出版社, 2021.

[17] 温儒敏, 曹明海. 语文课改守正创新 [M]. 济南：山东教育出版社, 2021.

[18] 申军红, 罗滨. 中小学骨干教师研修指南 [M]. 北京：教育科学出版社, 2021.

［19］窦昕．语文应该怎么学［M］．北京：团结出版社，2021.

［20］樊裔华．小学语文统编教材里的传统文化［M］．上海：上海交通大学出版社，2021.

［21］章健文．教科书里的经典：小学语文教材经典文本解读［M］．上海：上海社会科学院出版社，2021.

［22］林荣凑．基于标准的语文教学［M］．重庆：西南师范大学出版社，2020.

［23］丰际萍，赵晓蕾，聂淑香．基于标准的小学语文单元整体教学［M］．济南：济南出版社，2020.

［24］刘国正，曹明海．语文教学的"实"与"活"［M］．济南：山东教育出版社，2020.

［25］孙春成．语文课堂立体教学课型［M］．太原：山西教育出版社，2020.

［26］宁鸿彬．怎样教语文［M］．北京：商务印书馆，2020.

［27］陈隆升，王光龙．语文综合性学习论［M］．北京：语文出版社，2020.

［28］雷实．语文课程设计的文化传承与创新［M］．广州：广东高等教育出版社，2020.

［29］陈先云．语文教育问题与改革［M］．天津：天津教育出版社，2020.

［30］向爱平．语文教材，如何用得更好［M］．北京：语文出版社，2020.

［31］张元梅．小学语文教学中的思考［M］．北京：团结出版社，2020.

［32］曾扬明．表达型语文［M］．福州：福建教育出版社，2020.

［33］饶满萍．小学语文教学设计与实施［M］．成都：西南交通大学出版社，2019.

［34］宋秋前，余春丽，赵飞君．小学语文教学的优化策略［M］．上海：上海交通大学出版社，2019.

［35］甘清梅，车兴钰．小学语文教学实践探究［M］．北京/西安：世界图书出版公司，2019.